일주일에 꼭 한 번 가정예배

김태희 지음

일주일에 꼭 한 번 가정예배. 소요리문답 편(상)

일주일에 꼭 한 번 가정예배.
소요리문답 편(상)

제1문: 사람의 첫째 되는 목적은 무엇입니까?

성경본문: 고전10:31

찬송: 찬송가9장(하늘에 가득 찬 영광의 하나님)

전기밥솥은 왜 존재할까요? 따뜻한 밥을 제공하기 위해서입니다. 자동차는 왜 존재할까요? 먼 거리를 빠르게 이동하기 위해서입니다. 냉장고는 왜 존재할까요? 음식을 오랫동안 신선하게 보관하기 위해서입니다. 이처럼 존재하는 모든 것에는, '존재의 이유'가 있습니다. 그렇다면 우리가 존재하는 이유는 무엇일까요?

우리는 '존재의 이유'를 마음대로 정할 수 없습니다. 우리를 만드신 분이 있기 때문입니다. 하나님께서 우리를 창조하셨고, 우리는 하나님의 피조물입니다. 그래서 우리는 '존재의 이유'를 하나님에게서 찾아야 합니다.

예를 들어 전기밥솥이 자신이 존재하는 이유를 물을 끓이는 것으로 정할 수 있을까요? "나는 밥은 하지 않고, 물만 끓이겠다"고 할 수 있을까요? 그럴 수 없습니다. 전기밥솥을 만든 사람이, 전기밥솥이 존재하는 이유를 밥을 짓는 것으로 정했기 때문입니다. 만들어진 모든 것은, 그것을 만든 분으로부터 '존재의 이유'를 찾아야 합니다. 그렇다면 하나님께서 우리를 만드신 이유는 무엇일까요? 성경은, 우리가 존재하는 이유를 다음과 같이 말합니다.

그런즉 너희가 먹든지 마시든지 무엇을 하든지 다 하나님의 영광을 위하여 하라(고전 10:31)

우리가 존재하는 목적은 하나님의 영광입니다. 그렇다면 어떻게 사는 것이 하나님을 영광스럽게 하는 걸까요? '영광스럽다'라는 말에는, '중요하다'라는 의미가 포함되어 있습니다. 그래서 하나님을 영광스럽게 하는 삶이란, 하나님을 가장 중요하게 여기는 삶이라고 할 수 있습니다.

예를 들어 하나님과 돈 가운데서 하나만 선택해야 한다면 무엇을 선택해야 할까요? 이 때 하나님을 선택하는 것이 하나님을 영광스럽게 하는 것입니다. 하나님과 친구 가운데서 하나만 선택해야 한다면 무엇을 선택해야 할까요? 역시 하나님을 선택하는 것이 하나님을 영광스럽게 하는 것입니다. 언제 어디서든, 하나님을 가장 중요하게 여기며 사는 것이, 하나님을 영광스럽게 하는 것입니다.

답: 사람의 첫째 되는 목적은 하나님을 영화롭게 하고, 그분을 영원토록 즐거워하는 것입니다.

*영화: 이름이 세상에 빛남

묵상

만들어진 모든 것은, 누구로부터 존재의 이유를 찾아야 합니까?

기도

하나님. 하나님께서 저희를 창조하셨습니다. 하나님의 영광을 위해 저희를 창조하셨습니다. 그러므로 저희가 하나님의 영광을 위해 살아가게 해주세요. 하나님을 가장 중요하게 여기며 살아가게 해주세요.

제2문: 하나님께서 우리에게 무슨 법칙을 주셔서 그분을 영화롭게 하고 즐거워하게 하셨습니까?

성경본문: 딤후3:16

찬송: 찬송가 199장(나의 사랑하는 책)

우리가 존재하는 목적은 하나님의 영광입니다. 그래서 우리는 하나님을 가장 중요하게 여기며 살아야 합니다. 그렇다면 어떻게 사는 것이 하나님을 중요하게 여기며 사는 것일까요? 하나님을 중요하게 여기는 방법은 어디서 찾을 수 있을까요? 이 질문의 답을 찾기 위해서는 다음의 사실을 알아야 합니다. 우리 자신의 힘으로는 하나님의 뜻을 다 알 수 없다는 사실입니다.

예를 들어 강아지가 사람의 마음과 생각을 다 알 수 있을까요? 강아지는 "앉아" 또는 "일어서" 이 정도만 알 수 있을 뿐, 우리가 어떤 마음과 생각을 가지고 있는지 다 알 수 없습니다. 개미도 마찬가지입니다. 개미들의 사회는 사람들의 사회와 비슷하다고 합니다. 개미도 사람처럼 각자의 역할을 가지고 있습니다. 다스리는 역할을 하는 여왕개미가 있고, 열심히 일하며 먹을 것을 모으는 일개미가 있고, 여왕개미와 일개미를 지키는 병정개미가 있습니다. 그런데 개미들의 사회가 사람들의 사회를 많이 닮았다 할지라도, 개미들은 사람들의 사회를 다 이해할 수 없습니다. 아무리 똑똑한 개미라도, 스마트폰, 인터넷, 우주선과 같은 것을 조금도 이해할 수 없습니다.

사람과 하나님의 관계도 마찬가지입니다. 강아지가 사람의 생각을 다 알 수 없고, 개미가 사람의 사회를 모두 이해할 수 없는 것처럼, 사람도 하나님의 마음을 다 알 수 없습니다. 그래서 우리는 성경을 보아야 합니다. 성경은 하나님의 말씀입니다. 성경을 보면 하나님이 어떤 분인지 알 수 있습니다. 성경을 보면 하나님께서 무엇을 기뻐하시고, 무엇을 슬퍼하시는지 알 수 있습니다.

모든 성경은 하나님의 감동으로 된 것으로 교훈과 책망과 바르게 함과 의로 교육하기에 유익하니(딤후3:16)

답: 구약과 신약에 기록된 하나님의 말씀은 우리가 그분을 영화롭게 하고 즐거워하는 방법을 가르쳐 주는 유일한 법칙입니다.

*법칙: 반드시 지켜야 하는 규칙

묵상 하나님의 마음을 알기 위해 얼마나 노력하고 있습니까? 하나님의 뜻을 알기 위해 날마다 성경을 묵상하겠습니까?

기도

하나님. 저희가 존재하는 목적은 하나님의 영광입니다. 저희가 하나님의 영광을 위해 살기 위해서는, 하나님의 뜻을 알아야 합니다. 하나님의 뜻을 알기 위해서는 성경을 묵상해야 합니다. 저희가 매일 꾸준하게 성경을 묵상하는 사람이 되게 해주세요.

제3문: 성경은 주로 무엇을 가르칩니까?

성경본문: 요20:31

찬송: 찬송가 453장(예수 더 알기 원하네)

강아지가 사람의 마음을 다 알 수 있을까요? 불가능합니다. 개미가 사람의 생각을 모두 이해할 수 있을까요? 역시 불가능합니다. 마찬가지로 사람도 하나님의 마음을 다 알 수 없고, 하나님의 생각을 모두 이해할 수 없습니다. 그래서 우리가 하나님을 알기 위해서는 반드시, 하나님의 말씀인 성경을 보아야 합니다.

그렇다면 성경은 어떤 책일까요? 성경은 무엇을 말하는 책일까요? 몇 가지 예를 들어보겠습니다. 만약 제주도 여행을 준비한다면 어떤 책을 읽어야 할까요? 제주도와 관련한 책을 읽어야 합니다. 그러면 어디에 멋진 풍경이 있는지, 어디에 맛있는 식당이 있는지를 알 수 있습니다.

만약 맛있는 음식을 만들고자 한다면 어떤 책을 읽어야 할까요? 요리책을 보아야 합니다. 그러면 어떤 재료를 사용해야 하는지, 어떤 식으로 요리해야 하는지를 알 수 있습니다.

그렇다면 하나님이 어떤 분인지 알기 위해, 또는 우리가 어떻게 살아야 하는지를 알기 위해서는 어떤 책을 보아야 할까요? 성경입니다. 성경을 보아야 합니다. 성경은 하나님이 어떤 분이신지, 그리고 우리가 어떻게 살아야 하는지를 알려주는 유일한 책이기 때문입니다. 그래서 사도 요한은 다음과 같이 말했습니다.

오직 이것을 기록함은 너희로 예수께서 하나님의 아들 그리스도이심을 믿게 하려 함이요 또 너희로 믿고 그 이름을 힘입어 생명을 얻게 하려 함이니라(요20:31)

성경을 읽으면 예수님이 하나님의 아들이심을 알 수 있습니다. 이것은 다른 책을 통해서는 알 수 없는 사실입니다. 오직 성경만이 하나님이 어떤 분이신지, 우리가 어떻게 살아야 하는지를 알려줍니다.

답: 성경은 주로 사람이 하나님에 관하여 믿어야 할 바와 하나님께서 사람에게 요구하시는 의무를 가르칩니다.

* 의무: 사람으로서 마땅히 해야 할 일

묵상 하나님이 어떤 분이신지, 하나님은 우리가 어떻게 살기를 원하시는지를 알려면 어떤 책을 보아야 합니까?

기도

하나님. 저희가 존재하는 목적은 하나님의 영광입니다. 저희가 하나님의 영광을 위해 살기 위해서는 반드시 성경을 보아야 합니다. 하지만 저희의 힘으로는 성경을 다 이해할 수 없습니다. 성경을 사랑하는 마음과 성경을 이해할 수 있는 지혜를 주셔서, 오직 하나님의 영광을 위해 살아가게 해주세요.

제4문: 하나님께서는 어떤 분이십니까?

성경본문: 요4:24

찬송: 찬송가 38장(예수 우리 왕이여)

하나님이 어떤 분이신지 알려면 성경을 보아야 합니다. 성경을 통해서만 하나님이 어떤 분이신지 알 수 있습니다. 그리고 성경은 하나님이 영이라고 말합니다.

하나님은 영이시니 예배하는 자가 영과 진리로 예배할지니라(요4:24)

우리는 하나님에 대해 전부 알 수 없습니다. 온 우주를 만드신 하나님을 우리가 모두 이해할 수 있다면, 그게 더 이상한 일입니다. 그래서 하나님이 영이라는 것도 정확하게 이해하기란 불가능합니다. 하지만 몇 가지 중요한 사실은 알 수 있습니다.

첫째, 하나님이 영이라는 것은, 몸을 가지고 있지 않다는 뜻입니다. 사람들은 자주 병에 걸립니다. 감기에 걸리기도 하고, 몸살이 나기도 합니다. 사람들은 자주 다칩니다. 넘어져서 피가 나기도 하고, 뼈가 부러지기도 합니다. 사람들은 자주 피곤함을 느낍니다. 힘든 일을 하고 나면, 다음 날은 피곤해서 아무 일도 할 수가 없습니다. 그건 사람에게 몸이 있기 때문입니다. 몸은 많이 사용할수록 지치고, 피곤하고, 아프게 되어 있습니다.

하나님은 몸이 없습니다. 하나님은 영이십니다. 그래서 하나님은 지치고, 피곤하고, 아프신 경우가 없습니다. 그리고 하나님은 영이시기 때문에, 육체의 한계가 없습니다. 하나님은 영이시기 때문에 무슨 일이든 하실 수 있습니다. 그래서 '영이신 하나님'은 '전능하신 하나님'이라는 뜻입니다.

둘째, 하나님이 영이라는 것은, 어디에나 계신다는 뜻입니다. 지금 우리는 한국이라는 나라에 있습니다. 그렇다면 우리는 미국에 있지 않은 것입니다. 우리는 몸이 있는 바로 그곳에만 존재할 수 있습니다. 만약 우리의 몸이 집 안에 있다면 우리는 집 안에 있는 것이고, 우리

의 몸이 집 밖에 있다면 우리는 집 밖에 있는 것입니다. 우리는 한 번에 한 장소에만 있을 수 있습니다.

하나님은 몸이 없습니다. 하나님은 영이십니다. 그래서 하나님은 어디에나 계실 수 있습니다. 하나님은 한국에 계시면서, 동시에 미국에도 계실 수 있습니다. 하나님은 지구에 계시면서 동시에 달에도 계실 수 있습니다. 하나님은 영이시기 때문에, 육체의 한계가 없습니다. 그래서 '영이신 하나님'은 '어디에나 계신 하나님'이라는 뜻입니다.

답: 하나님께서는 영이신데, 그분의 존재와 지혜와 능력과 거룩과 공의와 선하심과 진실하심이 무한하시며 영원하시고 불변하십니다.

* 영원: 처음과 끝이 없음

묵상

하나님이 영이라는 것이 의미하는 두 가지는 무엇입니까?

기도

하나님. 하나님은 전능하십니다. 하나님은 어디에나 계십니다. 힘들고 어려운 순간마다 전능하신 하나님을 의지하며 살게 해주세요. 외롭고 슬픈 순간마다 언제나 곁에 계신 하나님을 바라보게 해주세요.

제5문: 하나님 한 분 외에 다른 신들이 있습니까?

성경본문: 신명기 6:4

찬송: 찬송가 11장(홀로 한 분 하나님께)

하나님은 몸이 없으십니다. 그래서 하나님은 우리가 가지고 있는 육체의 한계가 없습니다. 하나님은 아프시지 않고, 지치시지 않고, 다치시지 않습니다. 하나님은 하고자 하시는 일은 무엇이든 하실 수 있습니다.

하나님은 어디에나 계십니다. 우리 곁에도 계시고, 다른 사람들 곁에도 계십니다. 한국에도 계시고 미국에도 계십니다. 지구에도 계시고 달에도 계십니다. 그렇다면 이런 하나님은 모두 몇 분일까요? 영이신 하나님. 전능하신 하나님은 모두 몇 분일까요?

이 질문에 대해서 많은 사람들이 잘못된 생각을 하고 있습니다. 첫 번째 잘못된 생각은, 하나님이 한 분도 없다는 생각입니다. 그렇게 생각하는 사람들은 하나님께서 세상을 만드신 것을 믿지 않습니다. 그들중 상당수는 우연히 어떤 폭발이 일어났는데, 그 폭발로 인해서 우주와 세상이 만들어졌다고 믿습니다. 이것을 '빅뱅 이론'이라고 합니다. 아마 학교에서 한 번쯤은 들어보았을 것입니다.

하지만 우연히 만들어진 세상이 이렇게 질서정연할 수 있을까요? 우연히 만들어진 물질들이 갑자기 생명을 가지게 되는 것이 가능할까요? 절대로 가능하지 않습니다.

두 번째 잘못된 생각은, 하나님이 아주 많다는 생각입니다. 그리스 로마 신화를 보면 다양한 신들이 등장하는 것을 볼 수 있습니다. 우리의 전통 신화도 마찬가지입니다. 우리 조상들도 하늘에는 옥황상제. 바다에는 용왕. 산에는 산신령이 각각 존재한다고 믿었습니다. 심지어 부엌을 지키는 신. 화장실을 지키는 신이 각각 따로 존재한다고 믿었습니다. 하지만 성경은 다음과 같이 말합니다.

이스라엘아 들으라 우리 하나님 여호와는 오직 유일한 여호와이시니(신6:4)

　성경은 하나님이 실제로 존재하시며, 하나님은 한 분이라고 말합니다. 그러므로 우리는 사람들이 뭐라고 말하든지 간에 성경이 말하는 데로 믿어야 합니다. 하나님이 실제로 계신다는 것을 믿어야 합니다. 하나님은 한 분밖에 없다는 것을 믿어야 합니다. 하나님은 전능하시고, 어디에나 계심을 믿어야 합니다.

답: 오직 한 분뿐이시며 살아계시고 참되신 하나님이십니다.

참되신: 만들어 내거나 추측한 것이 아닌

묵상

하나님을 믿지 않는 자들은, 신이 몇 분이라고 생각합니까?

기도

하나님. 창조주 하나님을 믿지 않는 사람들은, 신이 전혀 없거나, 또는 신이 아주 많다고 생각합니다. 하지만 저희는 신이 계신다는 것과, 오직 하나님 한 분 만이 신이심을 믿습니다. 이 믿음을 잘 간직할 수 있도록 도와주세요. 어떤 상황에서도 저희의 믿음이 흔들리지 않도록 도와주세요.

제6문: 하나님의 신격에는 몇 위가 계십니까?

성경본문: 마태복음 28:19

찬송: 찬송가 3장(성부 성자와 성령)

하나님은 한 분 이십니다. 그런데 참 이상하게도, 성경의 어떤 부분에서는 하나님이 한 분이 아닌 것처럼 보입니다.

하나님이 이르시되 우리의 형상을 따라 우리의 모양대로 우리가 사람을 만들고(창세기1:26)

하나님은 자신을 "우리"라고 표현하셨습니다. 참 이상한 일입니다. 왜 한 분이신 하나님이 자신을 "우리"라고 표현하셨을까요?

더 이상한 표현도 있습니다. 성경의 어떤 곳에서는 하나님이 세 분인 것처럼 보입니다.

그러므로 너희는 가서 모든 민족을 제자로 삼아

아버지와 아들과 성령의 이름으로 세례를 베풀고(마태복음 28:19)

어째서 성경은 어떤 곳에서는 하나님이 유일하다고 말하고, 또 어떤 곳에서는 하나님이 세 분인 것처럼 말할까요? 그것은 한 분이신 하나님이, 아버지와 아들과 성령으로 구분되시기 때문입니다.

그래서 교회는 '삼위일체'라는 표현을 사용해 왔습니다. '삼위'는 아버지 하나님, 아들 하나님, 성령 하나님이 서로 구별된다는 뜻입니다. '일체'는 아버지 하나님, 아들 하나님, 성령 하나님이 서로 구분되시지만 한 하나님이라는 뜻입니다.

어떻게 셋이면서 하나일 수 있는지 우리는 이해할 수 없습니다. 어떻게 구별되면서 한 분일 수 있는지 우리는 이해할 수 없습니다. 하지만 하나님을 우리가 다 이해할 수 있다면, 오히려 그게 더 이상한 일입니다.

주의해야 할 것은 아버지 하나님, 아들 하나님, 성령 하나님 사이에, 지위와 능력의 차이가 있다고 생각해서는 안 된다는 것입니다. 삼위 하나님은 지위가 동등합니다. 삼위 하나님은 능력이 동등합니다. 삼위 하나님 모두 다 전능하시고, 모두 다 완전하십니다.

답: 하나님의 신격에는 삼위가 계시며, 성부, 성자, 성령이십니다. 이 삼위는 한 하나님이시며, 본질이 같으시며, 능력과 영광에 있어서는 동등하십니다.

*위: 하나님을 구분하는 단위 *본질: 처음부터 가지고 있는 성질

묵상

상위'와 '일체'는 각각 어떤 뜻입니까?

기도

삼위일체 하나님. 저희가 삼위일체 하나님에 대한 올바른 믿음을 가지고 살아가게 도와주세요. 삼위 하나님을 동등하게 높이며, 삼위 하나님께 동등한 영광을 올려드리게 해주세요.

제7문: 하나님의 작정은 무엇입니까?

성경본문: 에베소서 1장 11절

찬송: 찬송가 382장(너 근심 걱정 말아라)

지금 당장 그림을 그린다고 가정해 봅시다. 가장 먼저 해야 하는 일은 무엇일까요? 계획을 세우는 일입니다. 무엇을 그릴지를 계획해야 하고, 그것을 어떤 형태로 표현할지를 계획해야 합니다. 계획을 세우지 않으면 멋진 그림을 그리기가 어렵습니다.

당장 내일 여행을 떠난다고 가정해 봅시다. 가장 먼저 해야 하는 일은 무엇일까요? 계획을 세우는 일입니다. 어디로 갈지를 계획해야 하고, 무엇을 할지를 계획해야 합니다. 계획 없이 무작정 여행을 떠나면 기억에 남는 즐거운 여행이 되기 어렵습니다.

이처럼 어떤 일을 시작하기 전에 계획을 세우는 것은 아주 중요합니다. 계획을 잘 세워야 실수를 줄일 수 있습니다. 그래서 지혜로운 사람일수록 계획을 잘 세우려고 노력합니다. 하나님도 마찬가지입니다. 성경을 보면 하나님도 계획을 세우셨다고 말하고 있습니다.

모든 일을 그의 뜻의 결정대로 일하시는 이의 계획을 따라

우리가 예정을 입어 그 안에서 기업이 되었으니(에베소서 1장 11절)

우리는 이 말씀에서 중요한 사실 두 가지를 알 수 있습니다.

첫째, 하나님은 "모든 일을" 계획하셨습니다. 하나님은 한두 가지를 계획하신 것이 아니라, 모든 것을 계획하셨습니다. 그래서 이 세상에서 일어나는 일 가운데 하나님과 상관없는 일은 하나도 없습니다.

둘째, 하나님은 "계획을 따라" 일하십니다. 우리의 구원이 대표적입니다. 우리의 구원은 하나님이 계획하신 결과입니다. 만약 하나님이 우리의 구원을 계획하시지 않았다면, 우리는 절

대 구원받지 못했을 것입니다.

그렇다면 하나님이 모든 것을 미리 계획하신 이유는 무엇일까요? 하나님의 영광을 위해서입니다. 계획을 잘 세워야 좋은 그림을 그릴 수 있고, 계획을 잘 세워야 행복한 여행이 될 수 있는 것처럼, 하나님도 모든 일을 자신에게 가장 영광이 되는 방식으로 계획하셨습니다.

답: 하나님의 작정은 하나님의 뜻대로 계획하신 하나님의 영원한 목적입니다.

이로 말미암아 하나님께서는 일어날 모든 일들을 자기 영광을 위하여 미리 정하셨습니다.

묵상

에베소서 1장 11절에서 하나님의 작정에 관해 알 수 있는 두 가지는 무엇입니까?

기도

하나님, 하나님께서 모든 것을 계획하신 것을 믿습니다. 하나님께서 계획하신 것을 모두 이루실 것을 믿습니다. 찬양받기 합당하신 하나님, 하나님의 계획을 모두 이루셔서, 모든 영광을 받아 주십시오.

제8문: 하나님께서는 작정을 어떻게 이루십니까?

성경본문: 이사야 43:7

찬송: 찬송가 9장(하늘에 가득 찬 영광의 하나님)

우리가 살아가는 세상은 하나님의 작품입니다. 하나님은 세상 모든 것을 만드셨습니다. 우주에 있는 수많은 별도, 하늘에 있는 수많은 새도, 산에 있는 수많은 곤충도, 들에 있는 수많은 짐승도, 바다에 있는 수많은 물고기도, 모두 다 하나님께서 만드셨습니다.

하나님께서 이 모든 것을 만드신 이유는 무엇일까요? 왜 하나님은 이 세상을 창조하셨을까요? 성경은 그 이유를 다음과 같이 말하고 있습니다.

내 이름으로 불려지는 모든 자 곧 내가 내 영광을 위하여 창조한 자를 오게 하라

그를 내가 지었고 그를 내가 만들었느니라(이사야 43:7)

하나님이 세상을 만드신 목적은 '하나님의 영광'입니다. 하나님은 영광을 받으시기 위해서 우리를 만드셨고, 영광을 받으시기 위해서 하늘의 별과 땅의 짐승들과 바다의 물고기를 만드셨습니다.

그런데 여기서 끝이라면 하나님은 영광을 받으실 수 없습니다. 하나님이 사람을 창조하기만 하고 그냥 내버려 두신다면, 사람들은 하나님께 영광을 돌리지 않고 제멋대로 살 것입니다. 하나님이 세상을 창조하기만 하고 그냥 내버려 두신다면, 세상은 뒤죽박죽 엉망이 될 것입니다.

그래서 하나님은 사람들을 그냥 내버려 두시지 않습니다. 하나님은 세상을 그냥 내버려 두시지 않습니다. 하나님은 하늘의 새도, 들의 짐승도, 바다의 물고기도 그냥 내버려 두시지 않습니다. 하나님은 사람들을 돌보시고, 하늘의 새와 들의 짐승과 바다의 물고기를 돌보십니다.

하나님이 세상을 만드신 것은 '하나님의 창조'라고 합니다. 하나님이 세상을 돌보시는 것은 '하나님의 섭리'라고 합니다. 하나님은 창조하고 섭리하는 일을 통해서 항상 영광을 받으십니다.

답: 하나님께서는 창조와 섭리의 사역들로 작정들을 이루십니다.

묵상

하나님이 영광을 받으시기 위해서는, 창조하신 후에 무엇을 하셔야 합니까?

기도

하나님. 하나님께서 세상을 창조하신 것을 믿습니다. 하나님께서 세상을 친히 돌보시는 것을 믿습니다. 하나님께서 세상 만물을 돌보시고, 하나님께서 저희를 돌보시는 것을 믿습니다. 하나님의 크신 능력과 은혜에 감사와 영광을 돌립니다.

제9문: 창조의 사역은 무엇입니까?

성경본문: 창세기 1:31

찬송: 찬송가 319장(말씀으로 이 세상을)

코끼리를 그리려면 무엇이 있어야 할까요? 색연필이나 크레파스가 있어야 하고, 또 도화지나 스케치북이 있어야 합니다. 종이비행기나 종이배를 만들려면 무엇이 있어야 할까요? 비행기와 배를 접을 수 있는 종이가 있어야 합니다. 종이를 자르거나 붙일 수 있는 가위와 풀도 필요합니다.

사람이 무언가를 만들기 위해서는 반드시 재료와 도구가 있어야 합니다. 재료와 도구가 없다면 사람은 아무것도 만들 수 없습니다. 그리고 좋은 재료와 좋은 도구를 사용할수록 사람은 더 아름답고 쓸모 있는 물건을 만들 수 있습니다.

하나님은 어떤 재료와 도구로 세상을 만드셨을까요? 창세기 1장은 하나님께서 세상을 만드신 장면을 이렇게 묘사하고 있습니다.

태초에 하나님이 천지를 창조하시니라.

하나님이 이르시되 빛이 있으라 하시니 빛이 있었고(창1:1,3)

하나님은 재료와 도구를 사용하지 않으셨습니다. 하나님은 말씀만으로 빛을 만드셨습니다. 다른 것들도 마찬가지입니다. 하나님은 오직 말씀만으로 모든 것을 만드셨습니다. 그리고 하나님이 만드신 세상은, 부족한 것이 전혀 없는 완전한 세상이었습니다. 하나님이 지으신 그 모든 것을 보시니 보시기에 심히 좋았더라 저녁이 되고 아침이 되니 이는 여섯째 날이니라 (창1:31)

　하나님이 만드신 세상은, 하나님이 보시기에도 아주 멋진 세상이었습니다. 이 세상은 전능하신 하나님의 작품입니다. 그건 우리도 마찬가지입니다. 우리는 하나님의 작품입니다. 우리는 하나님이 매우 좋게 만드신 작품입니다.

답: 창조의 사역은 하나님께서 자기의 능력의 말씀으로 엿새 동안에 아무것도 없는 데서 모든 것을 만드신 것인데, 만드신 모든 것이 매우 좋았습니다.

*엿새: 육 일

묵상

하나님의 창조에는 어떤 특징이 있습니까?

기도

하나님. 하나님께서 아무런 재료와 도구 없이 오직 말씀만으로 세상을 창조하신 것을 믿습니다. 하나님께는 그런 능력이 있음을 믿습니다. 전능하신 하나님을 찬양합니다.

제10문: 하나님께서는 사람을 어떻게 창조하셨습니까?

성경본문: 창세기 1:27

찬송: 찬송가 79장(주 하나님 지으신 모든 세계)

지난 시간에는 하나님의 창조에 대해서 알아보았습니다. 이 세상은 그냥 우연히 생겨난 것이 아닙니다. 하나님께서 능력의 말씀으로 만드신 작품입니다. 그렇다면 하나님의 수많은 작품 가운데, 최고의 작품은 무엇일까요? 사람입니다. 성경은 하나님께서 사람을 창조하신 장면을 이렇게 묘사하고 있습니다.

하나님이 자기 형상 곧 하나님의 형상대로 사람을 창조하시되 남자와 여자를 창조하시고 (창1:27)

사람이 최고의 작품인 이유는, 하나님의 형상대로 창조되었기 때문입니다. 하나님의 형상으로 창조된 존재는 사람밖에 없습니다.

사람이 하나님의 형상이란 것은 어떤 뜻일까요? 사람이 하나님을 닮았다는 뜻입니다. 하나님은 몸이 없으신데 어떻게 사람이 하나님을 닮을 수 있을까요? 눈, 코, 입을 닮은 것이 아니라, 마음이 하나님을 닮았다는 것입니다.

사람이 하나님을 예배할 수 있는 것은, 사람이 하나님을 닮았기 때문입니다. 사람이 만물의 으뜸인 것은, 사람이 하나님을 닮았기 때문입니다. 아담이 타락하기 전에 모든 만물을 다스렸던 것은, 사람이 하나님을 닮았기 때문입니다.

하나님은 사람을 만드실 때, 남자만 만들지 않으시고, 또 여자만 만들지도 않으셨습니다. 하나님은 남자와 여자를 함께 만드셨습니다. 남자와 여자가 서로 사랑하며 살기를 원하셨기 때문입니다. 그래서 남자끼리 결혼하거나, 여자끼리 사랑하는 것은 하나님의 뜻이 아닙니다.

답: 하나님께서는 사람을 남자와 여자로, 자기의 형상을 따라 지식과 의와 거룩함으로 창조하시되, 피조물을 다스리게 하셨습니다.

*피조물: 하나님에 의하여 만들어진 모든 것

묵상

사람이 하나님의 형상이란 것은 어떤 뜻입니까?

기도

하나님. 저희를 하나님의 형상으로 창조해 주셔서 감사합니다. 저희를 하나님을 닮은 영광스러운 존재로 창조해 주셔서 감사합니다. 그러므로 저희의 마음을 더러운 것으로 채우지 않고, 하나님께서 기뻐하시는 것으로 채울 수 있도록 도와주세요. 저희의 마음을 순결하고 거룩하게 만들어 주세요.

제11문: 하나님의 섭리의 사역들은 무엇입니까?

성경본문: 마태복음 10:29

찬송: 찬송가 478장(참 아름다워라)

엄마의 배 속에 있는 아이를 태아라고 합니다. 태아는 엄마의 자궁에서 10개월 정도를 지냅니다. 엄마는 10개월 동안 태아와 한 몸이 됩니다. 엄마는 태아를 보호하기 위해 최선을 다합니다. 태아에게 해로운 것은 먹지 않습니다. 태아에게 해로운 행동도 하지 않습니다.

출산한 이후에도 엄마는 아이를 보호합니다. 아이가 배고파하면 우유를 줍니다. 아이가 추워하면 따뜻하게 안아줍니다. 아이가 자야 할 시간이 되면 자장가를 불러줍니다. 행여나 아이가 아프기라도 하면 서둘러 병원으로 갑니다. 엄마는 아이를 그냥 내버려 두지 않습니다.

하나님도 마찬가지입니다. 엄마가 아이를 책임지고 돌보듯이, 하나님도 자신이 창조한 세상을 책임지고 돌보십니다. 이것을 하나님의 섭리라고 합니다. 성경은 하나님의 섭리를 다음과 같이 말합니다.

참새 두 마리가 한 앗사리온에 팔리지 않느냐 그러나 너희 아버지께서 허락하지 아니하시면 그 하나도 땅에 떨어지지 아니하리라(마10:29)

앗사리온은 예수님 당시에 사용하던 동전입니다. 앗사리온은 아주 작은 가치를 가진 돈입니다. 한 앗사리온으로 참새 두 마리를 살 수 있었습니다. 참새는 귀하고 가치 있는 동물이 아니었습니다. 하나님은 그런 참새도 돌보십니다. 하나님은 참새처럼 작은 동물도 돌보십니다. 따라서 하나님이 돌보지 않는 동물은 없습니다. 하나님은 모든 피조물을 돌보십니다.

우리는 참새와는 비교할 수 없이 중요합니다. 참새를 돌보시는 하나님이 우리를 내버려 두실 리가 없습니다. 엄마가 최선을 다해서 아이를 돌보듯이, 하나님도 전능하신 능력으로 우리를 돌보십니다. 바로 이것이 하나님의 섭리입니다.

　엄마가 아이를 돌보는 것과 하나님이 우리를 돌보시는 것에는 큰 차이가 있습니다. 엄마가 아이를 돌보는 것은 완벽하지 않습니다. 엄마도 밤이 되면 눈을 감고 잠을 자야 합니다. 엄마는 아이가 왜 우는지 모를 때가 있습니다. 하지만 하나님의 돌보심은 완벽합니다. 하나님은 주무시지 않습니다. 하나님은 잠시도 쉬지 않고 우리를 보호하십니다. 하나님은 모든 것을 아십니다. 하나님은 우리에게 꼭 필요한 것을 주십니다. 그래서 하나님의 섭리를 아는 것만큼, 우리에게 기쁨이 되는 것은 없습니다.

답: 하나님의 섭리의 사역들은 자기가 지으신 모든 피조물들과 그 모든 행동들을 지극히 거룩하고, 지혜롭고, 능력 있게 보존하시고 통치하시는 것입니다.

묵상

하나님의 섭리는 무엇입니까?

기도

하나님. 엄마가 아이를 돌보는 것처럼, 저희를 돌보아 주셔서 감사합니다. 저희를 버리지 않으시고, 책임져 주셔서 감사합니다.

제12문: 사람이 창조 받은 상태에 있을 때, 하나님께서 사람에게 어떤 특별한 섭리 행위를 하셨습니까?

성경본문: 창세기 2:17

찬송: 찬송가 19장(찬송하는 소리 있어)

　　하나님이 만드신 세상에는 셀 수없이 많은 생물들이 있습니다. 지금까지 발견된 것만 150만 종이 넘습니다. 더 놀라운 것은 발견된 것보다, 발견되지 않은 생물의 종류가 더 많다는 것입니다. 과학자들은 지금까지 우리가 발견한 것은 전체 중에서 일부에 지나지 않고, 아마 그보다 열 배는 많은 생물들이 우리가 알지 못하는 어딘가에서 살고 있을 것이라고 말합니다.

　　개구리의 종류만 해도 우리의 상상을 초월합니다. 개구리는 크게 다섯 개의 부류로 나눌 수 있습니다. 개구리, 청개구리, 맹꽁이, 두꺼비, 무당개구리입니다. 여기서 다시 자세하게 나누면 대략 5000개가 넘는 종류의 개구리가 이 세상에 있다고 합니다.

　　하나님은 이렇게 수많은 생물들 가운데, 어떤 생물을 가장 사랑하실까요? 그건 바로 사람입니다. 하나님이 사람만 하나님을 닮은 존재로 만드셨고, 또 사람하고만 중요한 약속을 하셨기 때문입니다. 하나님은 다른 생물들은 하나님을 닮게 만들지 않으셨고, 또 중요한 약속을 하지도 않으셨습니다.

　　하나님이 사람과 하신 약속을 '생명 언약'이라고 합니다. 생명 언약이란 하나님께 완전히 순종하면 복을 주시고, 불순종하면 죽음의 형벌을 내린다는 것입니다. 생명 언약의 구체적인 내용은 다음과 같습니다.

선악을 알게 하는 나무의 열매는 먹지 말라 네가 먹는 날에는 반드시 죽으리라 하시니라 (창2:17)

　　하나님이 사람과 생명 언약을 맺으신 것은 사람을 미워하셔서가 아닙니다. 사람에게 벌을 내리고 싶어서도 아닙니다. 예를 들어보겠습니다. 한 아빠가 아이에게, 청소하면 선물을 주고,

청소하지 않으면 벌을 주겠다고 약속했다고 가정해 봅시다. 아빠가 이렇게 약속한 것은 아이에게 벌을 주고 싶어서일까요? 정반대입니다. 아빠가 아이를 사랑해서, 아빠가 아이에게 선물을 주고 싶어서입니다. 하나님도 마찬가지였습니다. 하나님은 사람을 너무나 사랑하셨기 때문에 생명 언약을 맺으셨습니다.

답: 하나님께서 사람을 창조하셨을 때, 완전한 순종을 조건으로 사람과 생명의 언약을 맺으시고, 선악을 알게 하는 나무의 열매 먹는 것을 죽음의 형벌로 금지하셨습니다.

*순종: 순순히 따르고 복종하는 것

묵상

하나님이 사랑과 생명 언약을 맺으신 이유는 무엇입니까?

기도

하나님. 세상 그 어떤 생물보다도, 저희를 사랑해 주셔서 감사합니다. 저희를 소중하게 여겨주셔서 감사합니다. 저희도 그 누구보다 하나님을 사랑하게 해주세요. 그 무엇보다 하나님을 소중하게 여기게 해주세요.

제13문: 우리 시조는 창조된 본래의 상태에 계속 머물렀습니까?

성경본문: 창세기 3:6

찬송: 찬송가 463장(신자 되기 원합니다)

자유의지란 착한 행동과 나쁜 행동 중에서, 스스로 한 가지를 선택할 수 있는 마음입니다. 예를 들어 한 아빠가 아이에게 방 청소를 시켰다고 가정해 봅시다. 이때 아이는 청소하는 것을 선택할 수도 있고, 청소하지 않는 것을 선택할 수도 있습니다. 바로 이것이 자유의지입니다.

기계에도 자유의지가 있을까요? 예를 들어 청소기나 세탁기에도 자유의지가 있을까요? 기계에는 자유의지가 없습니다. 기계는 시작 버튼을 누르면 자동으로 청소를 시작하고, 정지 버튼을 누르면 자동으로 청소를 멈춥니다. 기계는 스스로 무언가를 선택할 수 없습니다. 그래서 자유의지는 사람만 가지고 있는 특징입니다.

하나님이 사람을 기계처럼 만들지 않고, 자유의지를 가진 존재로 만드신 이유는 무엇일까요? 사람이 기계적으로 순종하지 않고, 자발적으로 순종하기를 원하셨기 때문입니다. 순종할 수도 있고, 순종하지 않을 수도 있는 상황에서, 자발적으로 순종하기를 원하셨기 때문입니다.

우리의 조상 아담과 하와는 자발적으로 순종하지 않았습니다. 하나님이 선악과를 먹지 말라고 하셨고, 선악과를 먹으면 죽음의 벌을 받을 것이라고 하셨지만 선악과를 먹었습니다.

여자가 그 나무를 본즉 먹음직도 하고 보암직도 하고 지혜롭게 할 만큼 탐스럽기도 한 나무인지라 여자가 그 열매를 따먹고 자기와 함께 있는 남편에게도 주매 그도 먹은지라(창3:6)

그때부터 사람의 마음에는 죄가 들어왔습니다. 사람의 마음은 더러운 것으로 가득하게 되었습니다. 결정적으로 사람은 자유의지를 잃어버렸습니다. 원래 사람은 선한 것과 악한 것 가

운데 스스로 한 가지를 선택할 수 있었습니다. 하지만 죄를 짓고 타락한 후로는 악한 것만 선택하게 되었습니다. 죄를 짓고 더러워진 후로는 선한 일을 할 수 없게 되었습니다.

답: 우리 시조는 자신의 의지의 자유를 지녔으나 하나님께 범죄함으로 창조된 본래의 상태에서 타락하였습니다.

*시조: 맨 처음 조상

묵상

자유의지란 무엇입니까? 타락한 사람에게 자유의지가 있습니까?

기도

하나님. 저희를 기계처럼 만들지 않고, 자유의지를 가진 존재로 창조해 주셔서 감사합니다. 저희가 자유의지를 잘 사용할 수 있도록 도와주세요. 선한 것을 선택하고, 악한 것을 멀리할 수 있도록 도와주세요.

제14문: 죄는 무엇입니까?

성경본문: 요한일서 3:4

찬송: 찬송가 268장(죄에서 자유를 얻게 함은)

죄란 무엇일까요? 죄는 법을 어기는 것입니다. 예를 들어 언제 횡단보도를 건너야 할까요? 파란 불이 들어왔을 때입니다. 그렇게 법으로 정해 놓았기 때문입니다. 만약 어떤 사람이 빨간 불에 지나가다가 사고를 냈다면, 그 사고는 누구의 책임일까요? 빨간 불에 지나간 사람의 책임입니다. 법을 어겼기 때문입니다.

성경에서 말하는 죄는 무엇일까요? 성경은 하나님의 법을 어긴 것을 죄라고 말합니다.

죄를 짓는 자마다 불법을 행하나니 죄는 불법이라(요일3:4)

세상 나라에 법이 있는 것처럼, 하나님 나라에도 법이 있습니다. 하나님이 주신 법을 율법이라고 합니다. 율법을 어기는 것은 하나님 앞에서 죄를 짓는 것입니다. 예를 들어 불신자들은 주일에 교회에 가지 않아도 죄를 지었다고 생각하지 않습니다. 하지만 하나님은 주일을 잘 지킬 것을 명령하셨습니다. 그래서 주일을 어기는 사람은 세상 법으로는 죄인이 아니지만, 율법으로는 죄인입니다.

율법은 크게 두 가지 형태로 되어 있습니다. 하나는 무언가를 하라는 것이고, 다른 하나는 무언가를 하지 말라는 것입니다. 하라고 하신 것을 행하지 않거나, 하지 말라고 하신 것을 행할 때 죄를 지었다고 합니다. 예를 들어 하나님은 "부모를 공경하라"고 하셨습니다. 그래서 부모를 공경하지 않으면 죄를 지은 것입니다. 하나님은 "도둑질을 하지 말라"고 하셨습니다. 그래서 도둑질을 하면 죄를 지은 것입니다.

율법은 하나님이 주신 것이므로 대충 지켜서는 안 됩니다. 온 힘을 다해서 지켜야 합니다. 예를 들어 하나님은 안식일을 지키라고 하셨습니다. 그런데 안식일을 대충 지킨다면 그것도

죄를 지은 것입니다. 예배에 참석하기는 했지만, 예배에 집중하지 않는다면 그것 역시 죄를 지은 것입니다. 하나님이 원하시는 것은, 온 힘을 다해서 율법을 지키는 것입니다.

답: 죄는 하나님의 율법 중에 어떤 것을 순종함에 조금이라도 부족한 것이나 그것을 범하는 것입니다.

묵상

성경에서 말하는 죄는 무엇입니까?

기도

하나님. 저희는 하나님 나라의 백성입니다. 그러므로 저희는 하나님의 법에 순종해야 합니다. 율법을 지켜야 합니다. 지키되 최선을 다해서 지켜야 합니다. 저희가 율법에 순종하는 사람이 되게 해주세요. 온 힘을 다해 율법에 순종하게 해주세요.

제15문: 우리 시조가 창조된 본래의 상태에서 타락하게 된 죄는 무엇이었습니까?

성경본문: 창세기 3:6

찬송: 찬송가 276장(아버지여 이 죄인을)

　에덴동산 중심에는 두 개의 나무가 있었습니다(창2:9). 하나는 생명나무였고, 다른 하나는 선악과나무였습니다. 하나님은 생명나무 열매는 먹어도 된다고 하셨지만, 선악과나무 열매는 먹어선 안 된다고 하셨습니다.

　앞에서 배웠듯이 죄는 하나님이 하라고 하신 것을 행하지 않거나, 하나님이 하지 말라고 하신 것을 행하는 것입니다. 아담은 생명나무 열매는 먹어야 했고, 선악과나무 열매는 먹지 말아야 했습니다. 만약 생명나무 열매를 먹지 않고, 선악과나무 열매를 먹는다면, 그것은 하나님께 죄를 짓는 일이었습니다.

　안타깝게도 아담과 하와는 절대로 해서는 안 될 일을 하고야 말았습니다. 하나님의 말씀을 어기고, 죄를 지었습니다. 아담과 하와는 뱀의 모습으로 나타난 사단의 유혹에 넘어가서, 절대로 먹지 말아야 할 금지된 열매를 먹었습니다.

여자가 그 나무를 본즉 먹음직도 하고 보암직도 하고 지혜롭게 할 만큼 탐스럽기도 한 나무인지라 여자가 그 열매를 따먹고 자기와 함께 있는 남편에게도 주매 그도 먹은지라(창3:6)

　아담과 하와가 죄를 지은 다음에 어떤 일이 일어났을까요? 아담과 하와가 죄를 지은 결과는 '타락'이었습니다. 타락이란 원래 가지고 있던 좋은 성질을 잃어버리는 것입니다. 예를 들어 바나나, 사과, 참외 같은 과일은 달고 맛있습니다. 하지만 까맣게 썩어버린 과일은 달지도 않고 맛있지도 않습니다. 좋은 성질을 잃어버렸기 때문입니다.

　사람의 타락도 마찬가지입니다. 사람은 하나님의 형상으로 창조되었습니다. 하나님을 닮은 존재로 만들어졌습니다. 하나님을 아는 지식이 있었고, 하나님을 닮은 착한 마음이 있었습니다. 타락한 후에는 그런 좋은 것들이 대부분 사라졌습니다. 하나님을 아는 지식이 사라졌고, 하나님을 닮은 착한 마음도 사라졌습니다.

답: 우리 시조가 창조된 본래의 상태에서 타락하게 된 죄는 금지된 열매를 먹은 것이었습니다.

*시조: 맨 처음 조상

묵상

타락이란 무엇입니까? 사람이 타락한 결과는 무엇입니까?

기도

하나님. 죄를 짓고 타락한 저희를 구원해 주셔서 감사합니다. 죽어 마땅하고, 영원히 심판 받아 마땅한 저희를 구원해 주셔서 감사합니다. 하나님의 은혜를 생각하며, 항상 감사하고, 기뻐하게 해주세요. 하나님의 영광을 위해서만 살아가게 해주세요.

제16문: 모든 인류가 아담의 첫 범죄로 타락하였습니까?

성경본문: 로마서 5:12

찬송: 찬송가 79장(주 하나님 지으신 모든 세계)

약 100년 전 한국은 일본의 식민지였습니다. 일본이 우리를 다스렸습니다. 일본은 우리가 열심히 재배한 쌀을 마구잡이로 가져갔습니다. 우리 땅에서 난 철과 금속을 자기 나라로 빼앗아 갔습니다. 심지어 자기들이 일으킨 전쟁에 우리 민족을 군인으로 동원했습니다.

왜 우리는 일본의 지배를 받아야 했을까요? 대표들이 맺은 조약 때문입니다. 우리 민족의 대표와 일본의 대표가 '한일합방조약'을 맺었기 때문입니다. 우리 민족을 대표하는 사람들이 체결한 조약 때문에, 우리 민족 모두가 일본의 식민 지배를 받아야 했습니다.

아담과 우리의 관계도 마찬가지입니다. 아담은 단순히 첫 번째 사람이 아닙니다. 아담은 모든 사람을 대표하는 사람입니다. 그래서 아담의 행동은 아담에게 속한 모든 사람에게 영향을 미쳤습니다. 아담의 행동은 모든 인류에게, 그리고 우리에게도 영향을 미쳤습니다.

대표들의 결정 때문에 모든 사람이 일본의 식민 지배를 받았던 것처럼, 아담의 범죄 때문에 모든 사람이 죄인이 되었습니다. 일본과 조약을 체결하지 않은 사람들도 일본의 지배를 받아야 했던 것처럼, 아담이 범죄 할 때 그 자리에 있지 않았던 사람들도 아담과 똑같은 죄인이 되었습니다. 성경은 이것을 다음과 같이 말합니다.

그러므로 한 사람으로 말미암아 죄가 세상에 들어오고 죄로 말미암아 사망이 들어왔나니

이와 같이 모든 사람이 죄를 지었으므로 사망이 모든 사람에게 이르렀느니라(롬5:12)

아담의 후손으로 출생하는 사람들은, 처음부터 아담과 같은 죄인입니다. 우리도 마찬가지입니다. 우리 역시 아담의 후손으로 태어났기 때문에, 태어날 때부터 죄인입니다. 하지만 이제는 아닙니다. 지금 우리의 대표는 아담이 아니라 예수님입니다.

하나님은 우리에게 예수라는 새로운 대표를 주셨습니다. 예수님을 믿는 사람은 아담처럼 죄인이 아닙니다. 예수님을 믿는 사람은 예수님처럼 의인입니다.

답: 하나님께서 아담과 맺은 언약은 아담만이 아니라 아담의 후손과도 맺은 것이므로, 보통 출생법으로 아담에게서 난 모든 인류는 아담이 처음 죄를 지을 때 아담 안에서 죄를 짓고, 아담과 함께 타락했습니다.

*보통 출생법: 아버지와 어머니를 통해 세상에 나오는 것. 예수님만 보통 출생법으로 나지 않으셨다.

묵상

왜 아담의 죄가 모든 인류에게 영향을 미칩니까? 왜 예수님 때문에 우리의 죄가 용서받습니까?

기도

하나님. 저희에게 예수님을 보내 주셔서 감사합니다. 저희를 아담에게서 건지시고, 예수님께 속하게 해주셔서 감사합니다. 아담처럼 죄인이 아니라, 예수님처럼 의인이 되게 하셔서 감사합니다.

제17문: 아담의 타락은 인류를 어떤 상태에 빠지게 하였습니까?

성경본문: 창세기 3:19

찬송: 찬송가 295장(큰 죄에 빠진 나를)

세상 모든 일에는 원인과 결과가 있습니다. 원인이란 어떤 변화를 가져온 사건을 의미합니다. 결과란 어떤 원인 때문에 변화된 상태를 의미합니다. 원인과 결과를 잘 보여주는 속담이 있습니다. "아니 땐 굴뚝에 연기 나랴"입니다. 굴뚝에서 연기가 나오고 있다면, 반드시 무언가를 태우고 있기 때문입니다. 무언가를 태웠다면 반드시 굴뚝에서 연기가 납니다. 결과가 있으면 반드시 원인이 있고, 원인이 있으면 반드시 결과가 있습니다.

예를 들어 어떤 사람이 밤마다 야식을 먹으면서 운동을 전혀 하지 않으면 어떻게 될까요? 살이 찌고, 허약해지고, 병에 걸리게 될 것입니다. 여기서 원인은 밤마다 야식을 먹으면서 운동을 전혀 하지 않은 것입니다. 결과는 살이 찌고, 병에 걸리고, 허약하게 된 것입니다. 이처럼 모든 일에는 원인과 결과가 있습니다.

우리는 지난 시간에 아담이 죄를 짓고 타락한 것을 배웠습니다. 이것은 원인이 되는 사건입니다. 그렇다면 결과는 무엇일까요? 성경은 다음과 같이 말합니다.

네가 흙으로 돌아갈 때까지 얼굴에 땀을 흘려야 먹을 것을 먹으리니 네가 그것에서 취함을 입었음이라

너는 흙이니 흙으로 돌아갈 것이니라 하시니라(창3:19)

아담이 타락한 결과는 사는 동안 수많은 괴로움을 겪는 것입니다. 마침내는 죽음을 맞이하는 것입니다. 정리하면 다음과 같습니다. 원래 세상에는 고통과 죽음이 없었습니다. 하지만 아담이 하나님의 말씀에 불순종하면서 고통과 죽음이 들어오게 되었습니다. 원인은 아담의 죄와 타락이고, 결과는 고통과 죽음입니다.

답: 아담의 타락은 인류를 죄와 비참의 상태에 빠지게 하였습니다.

비참: 슬프고 끔찍함

묵상

아담이 죄를 짓고 타락한 결과는 무엇입니까?

기도

하나님. 저희는 아담처럼 죄인이었습니다. 저희는 영원한 심판을 받아야 했습니다. 하지만 이제는 아닙니다. 이제 저희는 예수님처럼 의인입니다. 이제 저희는 예수님과 함께 천국에서 영원히 살 것입니다. 크신 은혜를 찬양합니다.

제18문: 사람이 타락한 상태에서 죄는 어떤 것이 있습니까?

성경본문: 창세기 1:27

찬송: 찬송가 79장(주 하나님 지으신 모든 세계)

만약 어떤 집에 넓은 마당이 있고, 마당 한가운데 사과나무가 있다고 가정해 봅시다. 더운 여름 동안 사과나무는 쑥쑥 자랄 것이고, 가을이 되면 많은 사과가 열릴 것입니다. 그렇다면 십 년이 지난 뒤에는, 그 나무에 어떤 열매가 열릴까요? 역시 사과가 열릴 것입니다. 왜 십 년이 지난 후에도 사과나무에는 사과가 열릴까요? 사과나무가 가지고 있는 본질 때문입니다. 사과나무는 사과나무의 본질을 가지고 있어서, 항상 사과만 열립니다.

그렇다면 사람은 어떤 본질을 가지고 있을까요? 원래 사람은 의인의 본질을 가지고 있었습니다. 사람은 지혜롭고, 선하고, 거룩했습니다. 하지만 어떤 사건으로 인해 사람의 본질이 변했습니다. 그 사건은 아담의 범죄와 타락입니다. 그때부터 사람의 본질은 의인에서 죄인으로 변화되었습니다.

사과나무에서 항상 사과만 열리는 것처럼, 죄인에게서는 죄인만 태어납니다. 그래서 아담에게서 태어난 사람은 모두 죄인입니다. 아담의 후손은 모두 죄인입니다. 이것을 원죄라고 합니다. 원죄란 사람이 나면서부터 가지고 있는 죄인의 본질입니다.

사람은 죄인으로 태어났기 때문에 항상 죄를 짓습니다. 사람의 생각과 말과 행동은 하나님이 보시기에 악하고 더럽습니다. 이처럼 원죄를 가지고 태어난 사람이, 살아가면서 실제로 행하는 죄를 자범죄라고 합니다.

원죄는 크게 세 가지로 이루어져 있습니다. 첫째, 우리는 하나님이 보시기에 죄인이 되었습니다. 둘째, 우리에게는 하나님이 주신 좋은 마음이 대부분 사라졌습니다. 셋째, 대신 나쁜 마음이 우리 안에 가득하게 되었습니다.

답: 사람이 타락한 상태에서 죄는 원죄와 자범죄가 있는데, 원죄는 아담이 처음 지은 죄에 대한 죄책과 원래 의의 결핍과 본성 전체의 부패이며, 자범죄는 이 원죄로부터 나와 실행되는 모든 죄입니다.

*죄책: 죄의 책임

묵상

원죄를 구성하는 세 가지는 무엇입니까?

기도

하나님. 하나님께서 저희를 구원해 주셨지만, 여전히 저희에게는 죄인의 본성이 있습니다. 여전히 저희는 죄를 행하는 것을 좋아합니다. 저희에게 은혜를 더하셔서, 죄를 미워하게 하시고, 선을 사랑하게 해주세요. 하나님이 기뻐하시는 생각과 말과 행동을 하게 해주세요.

제19문: 인류가 타락한 상태의 비참은 무엇입니까?

성경본문: 마태복음 25:41

찬송: 찬송가 369장(죄 짐 맡은 우리 구주)

세상 모든 일에는 원인과 결과가 있습니다. 예를 들어 어떤 사람이 상한 음식을 먹고 식중독에 걸렸다고 가정해 봅시다. 식중독에 걸린 원인은 상한 음식을 먹은 것입니다. 상한 음식을 먹은 결과는 식중독에 걸린 것입니다. 이처럼 세상 모든 일에는 원인과 결과가 있습니다.

우리는 지난 시간에 세상 모든 사람이 하나님 앞에서 죄인임을 배웠습니다. 아담이 모든 사람의 대표이기 때문에, 아담의 범죄는 곧 모든 사람의 범죄임을 배웠습니다. 모든 사람이 죄인의 본성을 가지고 태어나서, 사는 동안 죄를 짓는 것을 배웠습니다. 그렇다면 모든 사람이 죄인이 된 결과는 무엇일까요?

첫째, 하나님과의 교제를 상실한 것입니다. 교제는 가까이서 친하게 지내는 것을 의미합니다. 자주 만나고, 자주 연락하며 지내는 것을 의미합니다. 죄인들은 하나님과 친하게 지낼 수 없습니다. 하나님은 죄인들을 미워하시고, 죄인들은 하나님을 찾지 않습니다.

둘째, 불행한 삶을 살다가 결국에는 죽는 것입니다. 하나님이 사람을 만드실 때 하나님을 가까이해야만 행복할 수 있게 만드셨습니다. 그래서 하나님을 떠난 죄인들은 사는 동안 하나님이 주시는 행복을 누릴 수 없습니다. 그뿐만 아니라 결국에는 죽어서 이 세상을 떠나야 합니다.

셋째, 영원한 지옥 형벌을 받는 것입니다. 세상에서 가장 크신 분은 하나님입니다. 그래서 세상에서 가장 나쁜 일은 하나님께 죄를 짓는 것입니다. 가장 나쁜 일을 행했기 때문에, 가장 큰 벌을 받아야 합니다. 성경은 하나님께 죄를 지은 사람들이 다음과 같은 벌을 받는다고 말합니다.

또 왼편에 있는 자들에게 이르시되 저주를 받은 자들아

나를 떠나 마귀와 그 사자들을 위하여 예비된 영원한 불에 들어가라(마25:41)

답: 타락으로 말미암아 모든 인류는 하나님과의 교제를 상실하였으며, 그분의 진노와 저주 아래 있으며, 그 결과 이 세상에서 온갖 비참함을 겪다가, 결국 죽음에 이르며, 지옥에서는 영원한 형벌을 받습니다.

*진노: 극도로 분노함

묵상

타락의 결과는 무엇입니까?

기도

하나님. 저희를 구원해 주셔서 감사합니다. 저희를 자녀 삼아 주셔서 감사합니다. 저희와 교제해 주셔서 감사합니다. 저희에게 천국을 선물로 주셔서 감사합니다. 항상 하나님을 찬양하며, 하나님께만 영광돌리게 해주세요.

제20문: 하나님께서는 모든 인류를 죄와 비참의 상태에서 멸망하도록 버려두셨습니까?

성경본문: 사도행전 13:48

찬송: 찬송가 438장(내 영혼이 은총 입어)

만약 어떤 가족이 부산에서 서울로 이사했다고 가정해 봅시다. 아빠가 서울에서 '전입신고'를 하면, 가족은 모두 서울 사람이 됩니다. 전입신고는 아빠 혼자서 했지만, 모든 사람의 소속이 서울로 바뀝니다.

아빠 혼자서 전입신고를 했음에도 모든 가족의 소속이 바뀌는 이유는, 아빠가 그 가족의 대표이기 때문입니다. 대표의 행동이 그에게 속한 모든 사람에게 영향을 미치기 때문입니다.

비슷한 사례로 일제 강점기를 들 수 있습니다. 그때 대부분은 일본의 식민지가 되기를 원하지 않았습니다. 하지만 우리 민족을 대표했던 사람들이, 일본의 식민지가 되겠다는 문서에 서명하는 바람에, 모든 사람이 일본의 지배를 받아야 했습니다.

마찬가지 원리로 모든 사람은 태어날 때부터 죄인입니다. 모든 사람은 죄인이라는 신분을 가지고 있습니다. 그 이유는 인류의 첫 번째 대표였던 아담 때문입니다. 대표자 아담이 하나님께 죄를 짓고, 죄인이 되었기 때문에 모든 인류도 죄인이 된 것입니다. 그래서 모든 사람이 하나님과의 교제를 상실하였고, 불행하게 살다가 죽게 되었고, 심지어 영원한 벌을 받게 되었습니다.

하지만 하나님은 모든 사람이 영원한 벌을 받도록 내버려 두시지 않았습니다. 하나님은 어떤 사람들에게 영원한 형벌이 아니라, 영원한 행복을 주시기로 하셨습니다. 그리고 그들을 영생을 얻을 자로 선택하셨습니다.

이방인들이 듣고 기뻐하여 하나님의 말씀을 찬송하며 영생을 주시기로 작정된 자는 다 믿더라(행13:48)

이 말씀처럼 하나님은 어떤 사람들을 선택하셨습니다. 선택한 사람들에게 영생을 주시기 위해서입니다.

하나님께 선택받은 사람들은 영생을 얻습니다. 선택받은 사람들의 대표는 아담이 아니라 예수님입니다. 첫 번째 대표인 아담이 사망을 주는 대표였다면, 두 번째 대표인 예수님은 생명을 주는 대표입니다. 이것을 은혜 언약이라고 합니다. 택함받은 자들은 아무런 자격과 능력이 없지만, 예수님의 자격과 능력 때문에 은혜로 구원을 얻습니다.

답: 하나님께서는 오직 그분의 선하신 뜻을 따라 영원 전부터 어떤 이들을 영생에로 택하시고, 은혜언약을 맺으셔서 구속자로 말미암아 그들을 죄와 비참의 상태에서 건져내시고, 구원의 상태에 이르게 하셨습니다.

*영생: 하나님의 은혜 안에서 영원히 사는 것

묵상

은혜 언약은 무엇입니까?

기도

하나님. 저희를 아담에게서 꺼집에 내어, 예수님께 속하게 하셔서 감사합니다. 아담을 대표로 하지 않고, 예수님을 대표로 하게 하셔서 감사합니다. 행위 언약이 아니라 은혜 언약으로 구원 받게 하셔서 감사합니다.

제21문: 하나님께서 택하신 자들의 구속자는 누구십니까?

성경본문: 디모데전서 2:5

찬송: 찬송가 38장(예수 우리 왕이여)

살아가다 보면 가진 것보다 많은 돈이 필요할 때가 있습니다. 그러면 돈을 빌려야 합니다. 그것을 '빛'이라고 합니다. 예를 들어 어떤 사람이 은행에서 천만 원을 빌렸다면, 그 사람은 은행에 천만 원을 빛진 것입니다.

빛은 반드시 갚아야 합니다. 백만 원을 빌렸으면 백만 원을 갚아야 하고, 천만 원을 빌렸으면 천만 원을 갚아야 합니다. 만약 빛을 갚지 않는다면 벌을 받아야 합니다.

모든 사람은 하나님께 빛을 지고 있습니다. 사람이 하나님께 진 빛은 죄라는 빛입니다. 모든 사람은 하나님께 죄를 지었고, 그래서 하나님께 죄의 빛을 지고 있습니다.

우리는 어떤 식으로 죄라는 빛을 갚을 수 있을까요? 성경은 죄의 결과가 죽음이라고 말합니다. 죄의 빛을 갚기 위해서는 죽어야 합니다. 원래는 우리가 죽어야 하지만, 하나님은 우리 대신 '희생 제물'이 죽는 것을 허락해 주셨습니다. 그것을 제사라고 합니다.

구약 시대에는 소와 양이 희생 제물이었습니다. 구약 시대에는 소와 양으로 제사를 드렸습니다. 하나님은 소와 양의 죽음을 보시고, 사람들의 죄를 용서해 주셨습니다. 하지만 소와 양으로 드린 제사에는 문제가 있었습니다. 백만 원이 천만 원보다 가치가 작은 것처럼, 소나 양은 사람보다 가치가 작습니다. 소나 양이 대신 죽는 것으로는, 사람이 하나님께 진 죄의 빛을 모두 갚을 수 없습니다.

그래서 하나님은, 하나뿐인 아들을 세상에 보내셨습니다. 하나님이신 예수님은 우리를 위해 사람이 되셨습니다. 사람이 되신 예수님은 우리를 위해 친히 희생 제물이 되셨습니다.

그는 우리를 위하여 자신을 버리사 향기로운 제물과 희생제물로 하나님께 드리셨느니라(엡5:2)

예수님은 하나님이시므로, 예수님이 자기 몸으로 드린 제사에는 무한한 가치가 있습니다. 예수님의 희생 제사에는 우리의 죄를 해결하고도 남을 가치가 있습니다. 따라서 우리의 유일한 구원자는 사람이 되신 하나님. 바로 우리 주 예수 그리스도이십니다.

하나님은 한 분이시요 또 하나님과 사람 사이에 중보자도 한 분이시니 곧 사람이신 그리스도 예수라(딤전2:5)

답: 하나님께서 택하신 자들의 유일한 구속자는 주 예수 그리스도이십니다. 그는 하나님의 영원하신 아들로서 사람이 되셨으며, 그는 과거와 지금 계속해서 영원토록 하나님과 사람이시며, 구별된 두 본성을 가진 한 위격이십니다.

*구속: 대신 벌을 받아 죄를 해결하는 것

묵상

왜 예수님만 우리의 구원자가 되실 수 있습니까?

기도

하나님. 이 땅에 예수님을 보내 주셔서 감사합니다. 예수님을 우리의 구원자로 세워주셔서 감사합니다. 예수님의 희생 제사를 통해, 우리의 죄를 해결해 주셔서 감사합니다.

제22문: 하나님의 아들이신 그리스도께서 어떻게 사람이 되셨습니까?

성경본문: 히브리서 4:15

찬송: 찬송가 550장(시온의 영광이 빛나는 아침)

세상에서 가장 어려운 일은 무엇일까요? 힘들고 어려운 일이 너무 많아서 하나만 꼽기가 쉽지 않습니다. 그래도 하나를 말해야 한다면 이렇게 대답할 수 있을 것 같습니다. 자신이 가진 좋은 것을 포기하는 일이라고 말입니다. 예를 들어 멋진 장난감을 가진 아이에게 그것을 포기하고 다른 사람에게 주라고 하면, 그 아이는 순순히 장난감을 내어주지 않을 것입니다. 아마 세상이 무너져라 소리를 지를 것입니다. 어른들도 다르지 않을 것입니다. 다 큰 어른도 소중한 물건을 포기하는 일은 쉽지 않습니다. 소중한 물건을 포기하는 데는 큰 결단이 필요합니다.

예수님은 우리를 위해 가장 좋은 것을 포기하셨습니다. 예수님은 하나님의 아들이시므로, 예수님 역시 하나님이십니다. 예수님은 세상에서 가장 높으신 분이십니다. 그런 예수님께서 우리를 위해 자신을 낮추셨습니다. 예수님은 사람이 되시기까지 자신을 낮추셨습니다. 이건 정말 놀라운 일입니다. 하나님이신 예수님이 사람이 되신 것은, 사람이 지렁이로 변한 것이나 마찬가지입니다. 아니 그보다 더 끔찍한 일입니다. 어떤 사람이 지렁이로 변하는 선택을 할 수 있을까요? 누구도 그렇게 하지 않을 것입니다. 그런데 예수님이 우리를 위해 그렇게 하셨습니다. 예수님은 우리의 구원자가 되시기 위해 사람으로 낮아지셨습니다.

앞에서 모든 사람은 죄인으로 태어난다고 했습니다. 예수님도 사람으로 태어나셨으므로, 죄를 가지고 출생하셨을까요? 그렇지 않습니다. 만약 예수님에게 죄가 있다면, 예수님은 우리의 구원자가 될 수 없습니다. 예수님은 구원자가 아니라, 심판받을 죄인일 뿐입니다. 예수님은 죄인이 아닙니다. 예수님에겐 죄가 하나도 없습니다. 성경은 예수님에 대해 다음과 같이 말합니다.

모든 일에 우리와 똑같이 시험을 받으신 이로되 죄는 없으시니라(히4:15)

이것이 가능한 이유는, 예수님은 우리처럼 일반적인 방식으로 태어나지 않으셨기 때문입니다. 성령님은 예수님이 죄 없이 태어나도록 능력을 발휘하셨습니다.

답: 하나님의 아들이신 그리스도께서 참된 몸과 이성 있는 영혼을 스스로 취하심으로 사람이 되셨는데, 성령의 능력으로 동정녀 마리아에게 잉태되어 탄생하셨으나 죄는 없으십니다.

*동정녀: 결혼하지 않은 처녀

묵상

우리를 위해 자신을 낮추신 예수님처럼, 다른 사람을 위해 자신을 낮출 수 있습니까?

기도

하나님. 예수님은 우리를 위해 사람이 되셨습니다. 예수님은 우리를 구원하기 위해 자신을 희생하셨습니다. 저희도 예수님처럼 살아가게 해주세요. 저희도 예수님처럼 자신을 낮추며 살아가게 해주세요.

제23문: 그리스도께서는 우리의 구속자로서 무슨 직분을 수행하십니까?

성경본문: 마태복음 16:16

찬송: 찬송가 234장(구주 예수 그리스도)

예전에 한 단체에서 설문 조사를 했습니다. 설문 조사의 내용은 "가장 존경하는 사람은 누구입니까?"였습니다. 그 결과 이순신 장군과 링컨 대통령이라는 결과가 나왔습니다. 이순신 장군은 일본으로부터 나라를 구했고, 링컨 대통령은 노예 해방을 위해 노력했기 때문입니다.

그런데 왜 이순신이라는 이름 뒤에는 항상 '장군'이라는 글자가 따라 다닐까요? 왜 링컨이라는 이름 뒤에는 항상 '대통령'이라는 글자가 따라 다닐까요? 그 이유는 이순신은 장군의 일을 했고, 링컨은 대통령의 일을 했기 때문입니다. 만약 이순신이 가르치는 일을 했다면 이순신 선생님으로 알려졌을 것입니다. 링컨이 군대를 이끌었다면 링컨 장군으로 알려졌을 것입니다.

그렇다면 예수님을 '예수 그리스도'라고 부르는 이유는 무엇일까요? 예수님이 그리스도의 일을 하셨기 때문입니다.

시몬 베드로가 대답하여 이르되 주는 그리스도시요 살아 계신 하나님의 아들이시니이다 (마16:16)

그리스도라는 말의 원래 의미는 '기름 부음을 받은 사람'입니다. 성경을 보면 아무에게나 기름을 붓지 않았습니다. 오직 세 가지 일을 하는 사람에게만 기름을 부었습니다. 그 세 가지 일은 선지자, 제사장, 왕이었습니다.

그러므로 예수님을 그리스도라고 부르는 이유는, 예수님이 이 세 가지 일을 하셨기 때문입니다. 예수님은 이 세상에 오셔서 선지자와 제사장과 왕의 일을 하셨고, 하늘에 계신 지금도 선지자와 제사장과 왕의 일을 하고 계십니다. 따라서 '예수 그리스도'라는 말은, "예수님은 선지자이시고, 제사장이시고, 왕이시다!"라는 뜻입니다.

답: 그리스도께서는 우리의 구속자로서 낮아지심과 높아지심의 상태에서 동시에 선지자와 제사장과 왕의 직분을 수행하십니다.

*직분: 책임지고 해야 할 일

묵상

예수 그리스도'라는 말은 어떤 뜻입니까?

기도

하나님. 예수님만이 저희의 구원자이심을 믿습니다. 예수님만이 저희의 죄를 해결할 수 있는 분이심을 믿습니다. 평생토록 예수님만 바라보며, 예수님만 의지하며, 예수님만 찬양하며 살아가게 해주세요.

제24문: 그리스도께서는 선지자자의 직분을 어떻게 수행하십니까?

성경본문: 요한복음 15:15

찬송: 찬송가 21장(다 찬양하여라)

기상 캐스터라는 직업이 있습니다. 뉴스에 나와서 내일 날씨를 미리 알려주는 일입니다. 기상 캐스터는 일주일치 날씨를 한꺼번에 알려주기도 합니다. 아직 비가 오지 않았는데도, 엄마가 우산을 미리 챙겨주는 것은, 기상 캐스터를 통해 비가 올 것을 미리 들었기 때문입니다.

기상 캐스터가 미래의 날씨를 미리 알 수 있는 비결은 무엇일까요? 기상 캐스터가 미래의 날씨를 미리 알 수 있는 것은, 기상청 덕분입니다. 기상청은 날씨를 연구하는 곳입니다. 기상청은 높은 하늘에 인공위성을 띄워서 구름의 모양을 관찰합니다. 구름의 모양과 이동 방향을 연구합니다. 관찰하고 연구한 결과를 기상 캐스터에게 알려줍니다. 그러면 기상 캐스터는 기상청에서 받은 내용을 토대로 우리에게 미래의 날씨를 알려줍니다. 그러므로 기상 캐스터는 자기 생각을 말하는 사람이 아닙니다. 기상청에서 받은 내용을 전달하는 사람입니다.

성경에도 비슷한 일을 하는 사람이 등장합니다. 선지자입니다. 기상 캐스터가 기상청에서 받은 내용을 전달하는 사람이었다면, 선지자는 하나님께 받은 내용을 전달하는 사람입니다. 기상 캐스터가 자기 생각을 말하지 않는 것처럼, 선지자도 자기 생각이 아니라 오직 하나님의 말씀만 전해야 했습니다.

그런데 구약 성경에 등장하는 선지자들은 온전하지 않았습니다. 많은 부족함을 가지고 있었습니다. 예를 들어 어떤 선지자는 자기 생각을 하나님의 말씀처럼 전하곤 했습니다. 이런 사람들을 거짓 선지자라고 합니다. 그리고 정직하게 하나님의 말씀을 전달한 선지자들도, 하나님에 대해 충분하게 알지는 못했습니다.

　그래서 하나님은 자기 아들을 선지자로 보내셨습니다. 예수님은 선지자의 일을 조금도 부족함 없이 수행하셨습니다. 예수님은 우리가 구원받기 위해 알아야 할 것을 충분하게 말씀하셨습니다.

내가 내 아버지께 들은 것을 다 너희에게 알게 하였음이라(요15:15)

　그런데 아무나 성경을 이해할 수 없습니다. 사람에겐 성경을 이해할 수 있는 지혜가 없습니다. 그래서 예수님은 성경만 주시지 않고, 성령님도 함께 보내주셨습니다. 성령님은 우리 마음에 거하시면서, 우리가 성경을 이해하도록 도와주십니다. 이것을 '성령의 조명'이라고 합니다.

답: 그리스도께서는 우리를 구원하시기 위한 하나님의 뜻을 그분의 말씀과 성령으로 우리에게 계시하심으로 선지자의 직분을 수행하십니다.

*수행: 맡은 일을 실행하는 것

묵상

기상 캐스터와 선지자는 어떤 점에서 비슷합니까?

기도

하나님. 예수님을 통해서 하나님의 말씀을 들려 주셔서 감사합니다. 저희에게 성경을 주셔서 감사합니다. 성경을 이해할 수 있도록 성령님을 보내주셔서 감사합니다. 매일 매일 성경을 읽고, 하나님과 친밀하게 교제하도록 도와주세요.

제25문: 그리스도께서는 제사장의 직분을 어떻게 수행하십니까?

성경본문: 히브리서 10:12

찬송: 찬송가 327장(주님 주실 화평)

우리나라는 남북으로 분단되어 있습니다. 남한과 북한 사이에는 철조망이 가로질러 있습니다. 그것을 휴전선이라고 부릅니다. 휴전선 때문에 남한 사람들은 북한으로 갈 수 없고, 북한 사람들은 남한으로 올 수 없습니다. 휴전선에는 총을 든 군인들이 있습니다. 허락 없이 그곳을 통과하다간 총에 맞아 죽을 수도 있습니다.

하나님과 우리 사이도 마찬가지입니다. 하나님과 우리 사이를 죄라는 철조망이 가로막고 있습니다. 허락 없이 휴전선을 넘다가 총에 맞아 죽을 수 있는 것처럼, 죄라는 문제를 해결하지 않고 하나님께 가까이 가다가는 벌을 받아 죽을 수도 있습니다.

그렇다면 어떻게 해야 하나님께 가까이 갈 수 있을까요? 어떻게 해야 죄라는 문제를 해결할 수 있을까요? 죄 문제로 인해 하나님께 가까이 갈 수 없는 우리를 위해, 하나님이 친히 해결책을 마련해 주셨습니다. 하나님이 마련해주신 해결책은 제사장입니다. 제사장은 두 가지를 통해 죄 문제를 해결했습니다. 제사와 중보기도입니다.

하지만 평범한 제사장은 우리의 죄를 완전하게 해결할 수 없었습니다. 제사장은 우리의 죄를 해결하기 위해 짐승으로 제사를 드렸습니다. 짐승은 사람보다 가치가 작습니다. 그래서 평범한 제사장을 통해서는 일시적으로만 죄를 해결할 수 있었습니다.

그래서 하나님은 우리에게 특별한 제사장을 보내주셨습니다. 그 특별한 제사장은 바로 예수님입니다. 예수님은 다른 제사장처럼 짐승으로 제사를 드리지 않았습니다. 예수님은 세상에서 가장 소중한 예수님의 몸으로 제사를 드렸습니다. 예수님은 우리를 위해 십자가에서 죽으셨습니다. 그것은 곧 우리의 죄를 해결하기 위한 제사였습니다.

오직 그리스도는 죄를 위하여 한 영원한 제사를 드리시고 하나님 우편에 앉으사(히 10:12)

예수님 때문에 우리의 죄는 완전히 해결되었습니다. 예수님이 십자가에서 죽으실 때, 우리의 죄 문제는 완전히 사라졌습니다. 따라서 더이상 제사를 드릴 필요가 없습니다. 더이상 제사장을 찾아갈 필요가 없습니다. 더이상 하나님께 나아가기를 두려워할 필요가 없습니다.

답: 그리스도께서는 단번에 자기를 희생 제물로 드려 하나님의 공의를 만족시키시고 우리를 하나님과 화목하게 하시고, 우리를 위하여 끊임없이 간구하심으로 제사장의 직분을 수행하십니다.

*하나님의 공의: 하나님이 선을 사랑하시고 악을 미워하시는 것

묵상

하나님과 우리 사이를 무엇이 가로막고 있었습니까?

기도

하나님. 하나님과 저희 사이에는 죄가 있었습니다. 저희는 죄로 인해 하나님께 가까이 갈 수 없었습니다. 저희는 죄로 인해 하나님께 심판 밖에 받을 것이 없었습니다. 하지만 제사장이신 예수님 때문에 저희의 죄가 모두 해결된 것을 믿습니다. 제사장이신 예수님 때문에 하나님과 저희의 관계가 회복된 것을 믿습니다. 감사합니다.

제26문: 그리스도께서는 왕의 직분을 어떻게 수행하십니까?

성경본문: 요한복음 17:2

찬송: 찬송가 10장(전능 왕 오셔서)

어떤 사람이 왕이 될 수 있을까요? 일반적으로 힘이 센 사람이 왕이 될 수 있습니다. 예를 들어 이스라엘의 첫 번째 왕은 사울이었습니다. 사람들이 사울을 왕으로 세운 이유는, 그가 힘이 센 사람이었기 때문입니다. 이스라엘의 두 번째 왕은 다윗이었습니다. 다윗도 힘이 센 사람이었습니다.

왜 힘이 센 사람을 왕으로 세웠을까요? 왕은 원수들의 공격으로부터 자기 백성을 보호해야 하기 때문입니다. 예를 들어 이스라엘의 원수는 블레셋이었습니다. 블레셋은 자주 이스라엘을 침략했습니다. 그래서 이스라엘은 사울과 다윗처럼 힘이 센 사람들을 왕으로 세웠습니다. 사울과 다윗은 블레셋으로부터 이스라엘을 보호해 주었습니다.

예수님도 우리의 왕이십니다. 예수님은 누구보다 강하신 왕이십니다. 사람의 가장 강력한 원수는 죽음입니다. 지금껏 죽음과 싸워서 이긴 사람은 없습니다. 죽음을 물리친 사람은 없습니다. 하지만 예수님은 죽음을 이기셨습니다. 예수님은 죽었다가 다시 사셨습니다. 예수님은 죽음에서 부활하셨습니다. 그리고 예수님은 우리 역시 죽음을 이기도록 하십니다. 예수님을 믿는 사람은 예수님처럼 죽음에서 부활합니다.

아버지께서 아들에게 주신 모든 사람에게 영생을 주게 하시려고
만민을 다스리는 권세를 아들에게 주셨음이로소이다(요17:2)

만약 우리가 예수님을 믿지 않고, 계속해서 죄를 지으면 어떻게 될까요? 그러면 우리는 죽음을 이길 수 없습니다. 그래서 예수님은 우리가 예수님을 잘 믿을 수 있도록 우리의 마음을 지켜주십니다. 아무도 우리에게서 믿음을 빼앗아 가지 못하도록, 모든 원수들, 특히 마귀로부

터 우리를 지키고 보호해 주십니다. 그래서 우리의 구원은 확실합니다. 예수님이 우리의 왕이실 뿐만 아니라, 온 세상의 왕이시기 때문입니다.

답: 그리스도께서는 우리를 자기에게 복종하게 하시고, 우리를 다스리시고 보호하시며, 자기와 우리의 모든 원수들을 억제하시고 정복하심으로 왕의 직분을 수행하십니다.

*원수: 우리를 해롭게 하는 존재

묵상

어떤 사람이 왕이 될 수 있습니까? 예수님은 어떤 왕이십니까?

기도

하나님, 왕이신 예수님을 통해 저희를 지키고 보호해 주셔서 감사합니다. 왕이신 예수님을 통해 저희가 죽음을 이기게 하셔서 감사합니다. 왕이신 예수님께 순종하며 살게 해주세요.

제27문: 그리스도의 낮아지심은 어떠합니까?

성경본문: 갈라디아서 4:4

찬송: 찬송가 21장(다 찬양하여라)

사람들은 돼지로 만든 음식을 좋아합니다. 돼지갈비, 삼겹살, 돈까스와 같은 음식은 생각만 해도 군침이 돕니다. 그런데 우리가 돼지로 만든 맛있는 음식을 먹기 위해서, 돼지는 다음과 같은 일을 겪어야 합니다.

돼지들은 아주 좁은 우리에서 삽니다. 사람이 겨우 누울 수 있는 좁은 공간이 돼지 한 마리에게 허락된 공간입니다. 그마저도 다른 돼지들과 살을 부대끼면서 사용해야 합니다. 일반적으로 수백 마리의 돼지들이 한 공간에서 자랍니다.

식용으로 길러지는 돼지들은 태어나서 딱 한 달 동안만 엄마 돼지와 있을 수 있습니다. 한 달이 지나면 엄마와 떨어져서 살아야 합니다. 그리고 출생 후 6개월 정도가 되면 도축되어서, 우리의 식탁으로 올라옵니다. 돼지의 수명이 15년 정도이기 때문에, 사람으로 치면 3살에 생을 마감하는 것입니다. 생각 없이 맛있게 먹었던 음식의 이면에는 이런 슬픈 사연이 있습니다.

만약 우리가 돼지가 되었다고 가정해 봅시다. 돼지로 태어나서, 좁고 더러운 돼지우리에서 먹고 자며, 도축장으로 끌려가서 죽임을 당해야 한다고 생각해 봅시다. 어떤 사람도 그런 일을 겪으려고 하지 않을 것입니다. 그런데 놀랍게도 예수님이 이런 일을 겪으셨습니다. 예수님은 우리를 구원하기 위해 사람이 되셨습니다.

때가 차매 하나님이 그 아들을 보내사 여자에게서 나게 하시고 율법 아래에 나게 하신 것은(갈4:4)

예수님이 사람이 되신 것은, 사람이 돼지가 되는 것보다 더 끔찍한 일입니다. 사람이 돼지가 되는 것은 피조물에서 피조물이 되는 것이지만, 예수님이 사람이 되신 것은 창조주에서 피조

물이 되신 것이기 때문입니다.

사람이 되신 예수님은 사람이 겪어야 하는 모든 슬픔과 고통을 겪으셨습니다. 십자가에서 끔찍한 죽임을 당하셨고, 무덤에 묻히기까지 하셨습니다. 이 모든 일을 우리를 구원하기 위해 하셨습니다. 그것을 성경은 다음과 같이 말합니다.

우리 주 예수 그리스도의 은혜를 너희가 알거니와 부요하신 이로서 너희를 위하여 가난하게 되심은 그의 가난함으로 말미암아 너희를 부요하게 하려 하심이라(고후8:9)

답: 그리스도의 낮아지심은 비천한 상태로 탄생하신 것과, 율법 아래 나셔서 현세의 비참과 하나님의 진노와 십자가의 저주받은 죽음을 당하신 것과, 장사 지낸 바 되셔서 얼마 동안 죽음의 권세 아래 머물러 있었던 것입니다.

*비천한: 지위와 신분이 낮은 것

묵상

예수님은 우리를 구원하시려고 얼마나 낮아지셨습니까?

기도

하나님. 저희를 구원하기 위해 예수님께서 지극히 낮아지신 것을 배웠습니다. 저희도 예수님처럼 살게 해주세요. 저희도 예수님처럼 겸손하게 살게 해주세요. 저희도 예수님처럼 낮은 자리에서 섬기게 해주세요.

제28문: 그리스도의 높아지심은 어떠합니까?

성경본문: 계시록 1:18

찬송: 찬송가 27장(빛나고 높은 보좌와)

요한복음 11장에는 마르다와 마리아 자매가 등장합니다. 당시 두 사람은 깊은 슬픔에 빠져 있었습니다. 두 사람의 오빠였던 나사로가 죽었기 때문입니다. 예수님도 이 소식을 듣고 크게 슬퍼하셨습니다. 예수님도 나사로를 많이 사랑하셨기 때문입니다. 하지만 슬픔은 오래 가지 않았습니다. 예수님은 나사로를 다시 살려주셨습니다. 예수님은 죽은 나사로에게 말씀하셨습니다. "나사로야 나오라" 그러자 나사로는 다시 살아서 무덤에서 걸어 나왔습니다.

지금 나사로는 어디에서 살고 있을까요? 우리가 나사로를 만나려면 어디로 가야 할까요? 안타깝게도 우리는 나사로를 만날 수 없습니다. 이제 나사로는 어디에도 있지 않습니다. 죽음에서 깨어난 나사로는 시간이 지나자 다시 죽었기 때문입니다.

바로 이것이 소생과 부활의 차이입니다. 나사로는 부활한 것이 아니라 소생했습니다. 소생이란 나사로처럼 '죽을 몸으로 다시 살아나는 것'을 의미합니다. 지금도 우리 주위에는 심장이 멈추었다가 응급 처치를 받고 다시 살아나는 사람들이 있습니다. 이런 경우는 부활이라고 하지 않고, 소생이라고 합니다.

예수님은 소생이 아니라 부활하셨습니다. 예수님은 다시 죽을 몸으로 살아나신 것이 아니라, 영원히 죽지 않는 몸으로 살아나셨습니다.

내가 전에 죽었었노라 볼지어다 이제 세세토록 살아 있어 사망과 음부의 열쇠를 가졌노니(계1:18)

예수님을 믿는 우리가 어떤 상황에서든 기뻐하고 감사할 수 있는 이유가 바로 여기에 있습니다. 일반적으로 사람들은 나이가 드는 것을 싫어합니다. 나이가 들면 아프기 쉽고, 아픈 곳

이 하나둘 늘어나면 결국 죽게 됩니다. 예수님을 믿는 우리는 죽음을 두려워하지 않습니다. 예수님처럼 다시 부활하기 때문입니다. 그래서 우리는 나이가 드는 것도, 병에 걸리는 것도 무섭지 않습니다.

부활하신 예수님은 지금 무얼 하고 계실까요? 부활하신 예수님은 하늘로 올라가셨습니다. 거기서 성부 하나님과 함께 온 세상을 다스리고 계십니다. 그리고 마지막 날에 온 세상을 심판하기 위해 다시 오실 것입니다.

인자가 아버지의 영광으로 그 천사들과 함께 오리니 그 때에 각 사람이 행한 대로 갚으리라(마16:27)

답: 그리스도의 높아지심은 3일 만에 죽은 자들 가운데서 다시 살아나신 것과, 하늘에 오르신 것과, 하나님 아버지의 우편에 앉아 계신 것과, 마지막 날에 세상을 심판하러 오시는 것입니다.

묵상

소생과 부활의 차이는 무엇입니까?

기도

하나님. 예수님이 부활하신 것을 믿습니다. 예수님이 죽음을 이기신 것을 믿습니다. 그리고 저희도 죽음을 이기고 부활하게 될 것을 믿습니다. 항상 부활 신앙을 가지고 살아가게 해주세요. 부활의 소망을 가지고 살아가게 해주세요.

제29문: 우리는 그리스도께서 사신 구속에 어떻게 참여하는 자가 됩니까?

성경본문: 스가랴 4:6

찬송: 찬송가 182장(강물같이 흐르는 기쁨)

누군가가 요리하는 모습을 본 적이 있나요? 누구나 요리할 때 꼭 사용하는 것이 있습니다. 소금과 설탕입니다. 소금을 넣으면 짠맛이 더해지고, 설탕을 넣으면 단맛이 더해집니다. 그래서 짠맛이 필요할 때는 소금을 사용하고, 단맛이 필요할 때는 설탕을 사용합니다.

만약 소금을 넣지 않고, 음식물 곁에 두기만 하면 어떻게 될까요? 그래도 음식에 짠맛이 더해질까요? 만약 설탕을 넣지 않고, 음식물 곁에 두기만 하면 어떻게 될까요? 그래도 음식에 단맛이 더해질까요? 그때는 음식의 맛에 아무런 변화가 생기지 않습니다. 소금과 설탕이 준비되어 있어도, 그것이 음식물 안에 들어가지 않으면 아무 소용이 없습니다. 다시 말해서 소금과 설탕이 음식물에 '적용'되지 않으면 아무 소용이 없습니다.

구원도 마찬가지입니다. 예수님은 우리를 위해 죽으셨습니다. 예수님은 십자가 위에서 우리의 구원을 이루셨습니다. 하지만 우리가 예수님을 믿지 않으면 어떻게 될까요? 예수님이 이루신 구원은 우리와 아무 상관이 없습니다. 예수님이 이루신 구원은 우리에게 적용되지 않습니다. 그래서 성령님은 예수님이 이루신 구원을 우리에게 적용하는 일을 하십니다.

이는 힘으로 되지 아니하며 능력으로 되지 아니하고 오직 나의 영으로 되느니라(슥4:6)

구원이란 우리의 힘과 능력에 달린 일이 아닙니다. 성부, 성자, 성령. 삼위 하나님께서 하시는 일입니다. 성부 하나님은 우리를 구원받을 자로 선택해 주셨습니다. 성자 하나님은 죽음과 부활을 통해 우리의 구원을 이루셨습니다. 성령 하나님은 성자 하나님께서 이루신 구원을 우리에게 적용해 주셨습니다.

이처럼 구원받기 위해서 우리가 한 것은 아무것도 없습니다. 모두 다 하나님께서 하셨습니다. 그래서 구원은 하나님의 선물입니다.

답: 우리는 그리스도께서 획득하신 구속을 자기의 성령으로 우리에게 구속을 효력 있게 적용하심으로 말미암아 그 구속에 참여하는 자가 됩니다.

묵상

우리에게 구원을 적용해 주시는 분은 누구십니까?

기도

하나님. 저희를 구원받을 자로 선택해 주셔서 감사합니다. 그리고 성령님을 통해 저희에게 구원을 적용해 주셔서 감사합니다. 저희의 구원은 전적으로 하나님의 은혜이며, 선물입니다. 그러므로 항상 겸손하게, 하나님을 찬양하며 살게 해주세요.

제30문: 성령님께서는 그리스도께서 값 주고 사신 구속을 우리에게 어떻게 적용하십니까?

성경본문: 에베소서 2:8

찬송: 찬송가 438장(내 영혼이 은총 입어)

　한 아이가 아빠와 함께 카페에 갔다고 가정해 봅시다. 아빠는 아이에게 오렌지 주스를 사주었습니다. 아이는 빨대를 사용해서 오렌지 주스를 마셨습니다. 그렇다면 아이가 오렌지 주스를 먹은 것은 아빠 때문일까요, 아니면 빨대 때문일까요? 빨대를 통해서 오렌지 주스를 먹은 것은 사실이지만, 빨대 때문에 오렌지 주스를 먹은 것은 아닙니다. 아이가 오렌지 주스를 먹을 수 있었던 것은, 아빠가 주스를 사주었기 때문입니다. 빨대는 주스를 먹는 도구에 불과합니다.

　우리가 구원을 받는 것도 비슷합니다. 주스를 먹기 위해 빨대가 필요한 것처럼, 구원을 받기 위해서는 믿음이 필요합니다. 오직 믿는 사람만 구원을 받을 수 있습니다. 그런데 믿었기 때문에 구원을 받는 것은 아닙니다. 우리가 구원을 받는 것은 오직 예수님 때문입니다. 아빠가 돈을 주고 계산을 했기 때문에 아이가 오렌지 주스를 먹을 수 있는 것처럼, 예수님이 자기 생명으로 계산을 했기 때문에 우리가 구원을 받을 수 있습니다. 구원은 전적으로 예수님 때문이며, 믿음은 구원이 적용되는 도구이자, 통로입니다.

너희는 그 은혜에 의하여 믿음으로 말미암아 구원을 받았으니
이것은 너희에게서 난 것이 아니요 하나님의 선물이라(엡2:8)

그렇다면 우리가 예수님을 믿을 때 일어나는 일은 무엇일까요? 우리가 예수님을 믿을 때 일어나는 일은 '예수님과의 영적 연합'입니다. 예수님을 믿으면 예수님과 한 몸이 됩니다. 포도나무와 가지가 한 몸인것 처럼 예수님과 우리도 한 몸이 됩니다. 머리와 몸이 하나인 것처럼, 예수님과 우리도 하나가 됩니다.

나는 포도나무요 너희는 가지라(요15:5)

오직 사랑 안에서 참된 것을 하여 범사에 그에게까지 자랄지라 그는 머리니

곧 그리스도라(엡4:15)

하지만 물질적인 연합이 아니라 영적인 연합이기 때문에, 눈으로 보거나 느낄 수는 없습니다. 예수님과의 영적 연합은 믿음의 눈으로만 보거나 느낄 수 있습니다.

  이제 예수님과 우리는 떨어질 수 없는 관계입니다. 이제 예수님과 우리는 한 몸입니다. 아무도 예수님과 우리 사이를 갈라놓을 수 없습니다. 사탄도 예수님과 우리를 분리시킬 수 없습니다. 만약 하나님께서 우리를 지옥으로 보내야 한다면, 예수님도 함께 지옥으로 가야합니다. 예수님과 우리는 한 몸이기 때문입니다. 그런데 예수님과 우리는 분리될 수 없습니다. 그래서 우리의 구원은 완전합니다. 아무도 우리의 구원을 취소할 수 없습니다.

답: 성령님께서 그리스도께서 값 주고 사신 구속을 우리에게 적용하시는 것은 우리 안에 믿음을 일으키고, 또 효력 있는 부르심으로 우리를 그리스도와 연합시키심으로 말미암습니다.

*연합: 두 가지 이상이 하나가 되는 것

묵상

우리가 예수님을 믿을 때 일어나는 일은 무엇입니까?

기도

하나님. 저희에게 믿음을 주셔서 감사합니다. 믿음을 통해 구원을 얻게 하셔서 감사합니다. 믿음을 통해 그리스도와 한 몸이 되게 하셔서 감사합니다. 믿음을 통해 영원히 취소되지 않는 구원을 주셔서 감사합니다.

제31문: 효력 있는 부르심이 무엇입니까?

성경본문: 고린도전서 2:10

찬송: 찬송가 183장(빈 들에 마른 풀같이)

바닷가 근처에는 구명튜브가 비치되어 있습니다. 만약 누군가가 물에 빠지면, 그 사람을 건지기 위해 준비한 것입니다. 물에 빠진 사람이 구명튜브를 잡으면, 밖에 있는 사람들은 구명튜브에 달린 줄을 당겨서 물에 빠진 사람을 건져 낼 수 있습니다.

만약 우리가 물에 빠졌다고 가정해 봅시다. 물에 빠지기 전에는 구명튜브가 우리 눈에 보이지 않았을지라도, 일단 물에 빠진 다음에는 구명튜브가 가장 크게 보일 것입니다. 그 순간 우리의 생명은 구명튜브에 달려 있기 때문입니다. 구명튜브를 잡으면 살 수 있고, 구명튜브를 잡지 못하면 죽을 수도 있습니다. 그래서 우리는 구명튜브를 간절하게 바라보면서, 온 힘을 다해 구명튜브를 잡으려고 할 것입니다.

성령님이 우리에게 믿음을 주시는 방식도 이와 같습니다. 예수님을 믿어야만 구원을 받을 수 있지만, 많은 사람이 예수님을 믿지 않습니다. 자신이 죄인이어서 하나님께 심판을 받는다는 사실을 모르기 때문입니다. 자신이 얼마나 비참한 상황 가운데 있는지를 모르기 때문입니다. 하지만 우리는 예수님을 믿었습니다. 성령님 때문입니다. 성령님께서 알려 주셨기 때문입니다. 우리가 죄인이라는 것과 하나님께 심판을 받는다는 것을 성령님께서 알려 주셨기 때문입니다.

오직 하나님이 성령으로 이것을 우리에게 보이셨으니

성령은 모든 것 곧 하나님의 깊은 것까지도 통달하시느니라(고전2:10)

그래서 우리는 하나님의 심판을 피하고, 구원을 얻기 위해서 예수님을 믿고 있습니다. 마치 물에 빠진 사람이 살기 위해 구명튜브만 바라보는 것처럼, 구원받기 위해 예수님만 바라보고 있습니다.

성령님이 이렇게 일하시는 것을 '효력 있는 부르심'이라고 합니다. 효력 있는 부르심이라고 하는 것은, 성령님이 일하시면 반드시 효력이 발생하기 때문입니다. 사람이 하는 전도는 항상 효력이 있지 않습니다. 사람이 전하는 복음은 거절당할 때가 많습니다.

하지만 성령님이 누군가의 마음속에서 일하시면 그 사람은 반드시 예수님을 믿게 됩니다. 성령님이 우리의 구원을 위해 우리의 마음속에서 일하시는 것을 효력 있는 부르심이라고 합니다.

답: 효력 있는 부르심은 하나님의 영의 역사로 우리의 죄와 비참을 깨닫게 하시고, 우리의 마음을 밝게 하셔서 그리스도를 알게 하시고, 우리의 의지를 새롭게 하시고, 또 우리를 설득하셔서 복음 안에서 우리에게 값없이 주신 예수 그리스도를 영접할 수 있게 하는 것입니다.

*그리스도를 영접하다: 그리스도를 구원자로 받아들이다.

묵상

우리의 구원을 위해 성령님이 알려주신 것은 무엇입니까?

기도

하나님. 저희에게 성령님을 보내주셔서 감사합니다. 성령님을 통해 저희의 죄와 비참을 깨닫게 하셔서 감사합니다. 성령님을 통해 예수님을 바라보게 하셔서 감사합니다. 항상 성령님과 동행하는 저희들이 되게 해주세요.

제32문: 효력 있는 부르심을 받은 자들은 이 세상에서 무슨 혜택을 받습니까?

성경본문: 마태복음 19:21-22

찬송: 찬송가 279장(인애하신 구세주여)

흔히들 새해가 되면, 서로에게 복을 빌어줍니다. 일반적으로 "새해 복 많이 받으세요"라고 인사합니다. 그렇다면 복을 받는 것은 무엇일까요? 어떻게 되는 것이 복을 받는 것일까요?

일반적으로 복을 받았다는 것은 좋은 일이 일어났다는 것입니다. 예를 들어 어떤 가수가 유명해지고 인기를 얻으면 사람들은 그를 보고 복 받은 사람이라고 말합니다. 어떤 기업가가 사업을 해서 돈을 많이 벌면 사람들은 그를 보고 복 받은 사람이라고 말합니다. 어떤 정치인이 지지를 많이 얻어서 높은 자리에 올라가게 되면 사람들은 그를 보고 복 받은 사람이라고 말합니다.

그런데 예수님은 이런 것이, 진짜 복이 아니라고 말씀하셨습니다. 사람에게 있어서 가장 중요한 일은 하나님과 가까워지는 것인데, 돈과 인기는 하나님과 가까워지는데 아무 소용이 없기 때문입니다. 오히려 돈과 인기 때문에 하나님과 멀어지는 경우도 있습니다. 대표적인 사람이 부자 청년입니다.

예수께서 이르시되 네가 온전하고자 할진대 가서 네 소유를 팔아 가난한 자들에게 주라 그리하면 하늘에서 보화가 네게 있으리라 그리고 와서 나를 따르라 하시니 그 청년이 재물이 많으므로 이 말씀을 듣고 근심하며 가니라(마19:21-22)

그렇다면 어떤 것이 진짜 복일까요? 어떤 복을 받아야 하나님과 가까워질 수 있을까요?

첫째, 하나님 앞에서 의인이 되는 것입니다. 만약 우리가 계속 죄인으로 남아 있다면, 우리는 하나님께 영원한 심판을 받을 것입니다. 그렇다면 우리가 인기가 많다 한들 아무 소용이 없습니다.

둘째, 하나님의 자녀가 되는 것입니다. 하나님께서 우리의 하늘 아버지가 되시는 것입니다. 부모가 자녀를 기르는 것처럼 하나님이 우리를 지키고 돌보아 주시는 것입니다. 그러면 우리는 돈이 많은 부자보다 더 안전하고 행복한 삶을 살 수 있습니다. 하나님이 주시는 것이, 돈이 주는 것보다 더 좋기 때문입니다. 돈은 언제든 사라질 수 있지만, 하나님은 우리를 떠나시지 않기 때문입니다.

셋째, 하나님이 우리를 거룩한 사람으로 변화시켜 주시는 것입니다. 우리가 조금씩 거룩한 사람으로 변화되면, 우리와 하나님의 관계도 조금씩 가까워집니다. 우리가 점점 거룩한 사람이 되면, 하나님과 우리의 관계도 점점 깊어집니다. 바로 이 세 가지가 우리에게 꼭 필요한 은혜요 복이라고 할 수 있습니다.

답: 효력 있는 부르심을 받은 자들은 이 세상에서 칭의와 양자됨과 성화에 참여하고, 그리고 이 세상에서 이것들과 함께 또는 이것들로부터 나오는 여러 가지 혜택을 받게 됩니다.

묵상

진짜 복과 가짜 복에는 각각 어떤 것이 있습니까?

기도

하나님. 저희가 가짜 복이 아니라 진짜 복을 사모하게 해주세요. 저희에게 가짜 복이 아니라, 진짜 복이 넘치게 해주세요.

제33문: 칭의는 무엇입니까?

성경본문: 갈라디아서 2:16

찬송: 찬송가 9장(하늘에 가득 찬 영광의 하나님)

선생님이 학생들에게 숙제를 내주셨다고 가정해 봅시다. 숙제를 마친 학생은 자신 있게 학교에 갈 수 있을 것입니다. 떳떳하게 숙제를 제출할 수 있을 것입니다. 하지만 숙제를 하지 않은 학생들은 학교에 가기가 두려울 것입니다. 선생님 앞에 서기가 무서울 것입니다.

하나님과 사람의 관계도 마찬가지입니다. 하나님은 죄가 하나도 없으십니다. 그래서 누구든지 하나님께 가까이 가려면 죄가 하나도 없어야 합니다. 하지만 사람들은 어떤가요? 사람들은 죄가 아주 많습니다. 사람들은 죄 투성이입니다. 그래서 아무도 하나님 앞에 나아갈 수 없습니다.

그러면 우리가 하나님께 가까이 갈 방법은 전혀 없을까요? 감사하게도 하나님께서 친히 길을 열어 주셨습니다. 하나님께서 친히 의롭게 되는 방법을 마련해 주셨습니다.

하나님 앞에서 의로운 사람은 예수님 밖에 없습니다. 그래서 하나님 앞에서 의로워지려면 예수님의 의를 선물로 받아야 합니다. 예수님의 의를 선물로 받는 방법은 믿음입니다. 믿음은 마치 빨대와 같습니다. 빨대를 통해 음료가 우리 입안으로 들어오듯이, 믿음을 통해 예수님의 의가 우리 안으로 들어옵니다.

그리스도를 믿음으로써 의롭다 함을 얻으려 함이라(갈2:16)

그래서 예수님을 믿는 사람들은 실제로는 죄인일지라도, 하나님 보시기에는 의인입니다. 하나님은 예수님이 십자가 위에서 죽으신 것을, 마치 우리가 죽은 것처럼 여겨 주십니다. 하나님은 예수님이 죄의 심판을 받으신 것을, 마치 우리가 죄의 심판을 받은 것처럼 여겨 주십니다. 하나님은 예수님이 행한 착한 일을, 마치 우리가 한 것처럼 여겨 주십니다. 그래서 예수님

을 믿는 사람들은 하나님 앞에서 죄인이 아닙니다. 의인입니다.

답: 칭의는 하나님의 값없는 은혜의 행위인데, 그것으로 우리의 모든 죄를 용서하시고, 하나님 앞에서 우리를 의로운 자로 받아 주시되, 그리스도의 의 때문에 그렇게 하십니다. 이 의는 오직 믿음으로 받아들여지며 우리에게 전가됩니다.

*전가: 다른 사람에게 넘기는 것

묵상

하나님 앞에서 의로워지는 방법은 무엇밖에 없습니까?

기도

하나님. 예수님을 보시고, 저희를 의롭다고 해주셔서 감사합니다. 실제로는 죄인인 저희들을, 의인으로 여겨 주셔서 감사합니다. 심판 받아 마땅한 저희들을, 구원하시고 사랑해 주셔서 감사합니다.

제34문: 양자됨은 무엇입니까?

성경본문: 요한복음 1:12

찬송: 찬송가 16장(은혜로신 하나님 우리 주 하나님)

　아빠가 아들에게 용돈을 주는 이유는 무엇일까요? 엄마가 딸을 위해 식사를 준비하는 이유는 무엇일까요? 아빠와 엄마가 자녀에게 필요한 것을 제공해 주는 이유는 무엇일까요? 거기에는 특별한 이유가 없습니다. 단지 아빠이기 때문이고, 엄마이기 때문입니다. 부모이기 때문이고 가족이기 때문입니다.

　그래서 부모는 하나님이 우리에게 주신 가장 큰 선물입니다. 가족은 하나님이 우리에게 주신 가장 좋은 선물입니다. 부모가 있기에 안전하게 살 수 있고, 가족이 있기에 행복하게 살 수 있습니다.

　하지만 우리 주위에는 가족이 없는 아이들이 있습니다. 부모가 없는 아이들이 있습니다. 그들은 부모가 주는 든든함과 가족이 주는 행복을 누릴 수 없습니다. 그래서 그들의 가장 큰 소원은 좋은 부모를 만나는 일입니다. 행복한 가족을 만나는 일입니다. 이것을 입양이라고 합니다. 입양이란 부모가 없고, 가족이 없던 아이들이, 새로운 부모를 만나서, 새로운 가정에 속하게 되는 일입니다.

　그런데 모든 불신자들은 부모 없는 아이와 같습니다. 하나님의 돌봄과 사랑을 받지 못하기 때문입니다. 하나님이 주시는 선물들을 누리지 못하기 때문입니다. 하나님을 아버지로 만나지 못하고, 심판하시는 분으로 만나야 하기 때문입니다. 하지만 우리는 다릅니다. 우리는 부모 없는 아이와 같지 않습니다. 하나님이 우리를 자녀로 입양해 주셨기 때문입니다.

영접하는 자 곧 그 이름을 믿는 자들에게는 하나님의 자녀가 되는 권세를 주셨으니 (요1:12)

예수님을 믿는 사람들에게 하나님은 심판하시는 분이 아닙니다. 예수님을 믿는 사람들에게 하나님은 자상한 아버지입니다. 우리는 하나님을 아버지로 부를 수 있습니다. 우리가 부를 때 하나님은 부모가 자녀에게 귀를 기울이듯, 우리의 소리에 귀를 기울이십니다. 우리는 하나님께 도움을 구할 수 있습니다. 우리가 기도할 때, 하나님은 큰 능력으로 우리를 도와주십니다.

답: 양자됨은 하나님께서 값없이 베푸시는 은혜의 행위인데, 그것으로 우리가 하나님의 자녀에 포함되며, 하나님의 자녀로서 모든 특권을 누릴 권세를 가집니다.

*특권: 특별한 권리

묵상

왜 모든 불신자들은 부모 없는 아이와 같습니까?

기도

하나님. 저희의 아버지가 되어 주셔서 감사합니다. 저희를 돌보시고 길러 주셔서 감사합니다. 저희를 보호하시고 지켜주셔서 감사합니다. 타락한 세상에서 하나님의 자녀답게 살아가게 해주세요. 죄많은 세상에서 거룩하게 살아가게 해주세요.

제35문: 성화는 무엇입니까?

성경본문: 고린도전서 5:17

찬송: 찬송가 455장(주님의 마음을 본받는 자)

아이들은 장난감을 가지고 노는 것을 좋아합니다. 아이들은 딱지와 카드놀이를 좋아합니다. 아이들에게 장난감은 보석과 같습니다. 아이들에게 딱지와 카드는 귀중한 재산입니다. 아이들은 장난감을 보며 행복해하고, 딱지와 카드를 보며 흐뭇해합니다.

어른이 되면 달라집니다. 장난감을 보석처럼 여기지 않습니다. 딱지와 카드를 귀하게 생각하지 않습니다. 장난감을 보며 행복해하거나, 딱지와 카드를 보며 흐뭇해하지 않습니다. 나이가 들고 성장하면서 좋아하는 것이 바뀌었기 때문입니다.

음식도 마찬가지입니다. 아이들은 사탕과 껌을 좋아합니다. 달콤한 음료수를 좋아합니다. 하지만 어른이 되면 그런 것을 점점 멀리합니다. 맛있는 음식보다, 건강에 좋은 음식을 찾습니다. 나이가 들고 성장하면서 좋아하는 것이 바뀌었기 때문입니다.

사람들은 나이가 들고 성장하면서 좋아하는 것과 싫어하는 것이 변합니다. 어릴 때 좋아했던 것을 성장하면 싫어하기도 하고, 어릴 때 싫어했던 것을 성장하고 나서는 좋아하기도 합니다.

이런 변화가 예수님을 믿는 사람에게도 일어납니다. 예수님을 믿고 나면, 좋아하는 것과 싫어하는 것이 점점 변합니다. 예수님을 믿고 나면, 이전과는 다른 새로운 사람이 됩니다.

그런즉 누구든지 그리스도 안에 있으면 새로운 피조물이라

이전 것은 지나갔으니 보라 새 것이 되었도다(고후5:17)

예수님을 처음 믿을 때는 성경을 읽는 것을 귀찮게 생각합니다. 하지만 시간이 지나면 성경

을 읽으면서 하나님을 알아가는 것을 기뻐합니다. 예수님을 처음 믿을 때는 하나님께 헌금하는 것을 아깝게 생각합니다. 하지만 시간이 지나면 하나님께 무언가 드릴 수 있다는 것을 기뻐합니다.

이런 변화가 일어나는 이유는 무엇일까요? 하나님께서 은혜를 베푸셨기 때문입니다. 하나님께서 은혜를 베푸시면, 하나님이 좋아하실 일은 좋아하게 되고, 하나님이 싫어하실 일은 싫어하게 됩니다. 그렇게 조금씩 조금씩 하나님을 닮아가게 됩니다. 바로 이것을 성화라고 합니다.

답: 성화는 하나님께서 베푸시는 은혜의 사역인데, 그것으로 우리가 하나님의 형상대로 온전히 새사람이 되고, 점점 더 죄에 대하여 죽고 의에 대하여 살게 됩니다.

묵상

하나님의 자녀로서 변화되어야 할 부분은 무엇이라고 생각합니까?

기도

하나님. 저희를 구원해 주셔서 감사합니다. 구원받은 사람답게 살아가게 해주세요. 하나님이 좋아하는 것을 저희도 좋아하게 하시고, 하나님이 싫어하는 것을 저희도 싫어하게 해주세요.

제36문: 이 세상에서 칭의와 양자됨과 성화에 수반되거나 거기서 나오는 혜택들은 무엇입니까?

성경본문: 요한복음 10:28

찬송: 찬송가 270장(변찮는 주님의 사랑과)

지금까지 우리는 예수님을 믿을 때 어떤 변화가 일어나는지를 알아보았습니다. 예수님을 믿을 때 일어나는 변화는 다음과 같습니다. 첫째, 우리의 신분에 변화가 일어납니다. 원래 우리의 신분은 죄인이었습니다. 우리는 하나님이 미워하시고, 하나님의 심판을 받아야 마땅한 죄인이었습니다. 그런데 하나님은 우리의 믿음을 보시고, 우리의 신분을 의인으로 바꾸어 주셨습니다. 이제 우리의 신분은 죄인이 아닙니다. 우리는 하나님이 보시기에 의로운 사람입니다.

둘째, 하나님과 우리의 관계에 변화가 일어납니다. 원래 우리는 하나님과 상관없는 존재였습니다. 하나님께 가까이 갈 수 없는 존재였습니다. 그런데 하나님은 우리의 믿음을 보시고, 우리를 자신의 자녀로 입양해 주셨습니다. 이제 우리는 하나님과 상관없는 존재가 아닙니다. 우리는 하나님의 아들이고 하나님의 딸입니다.

그렇다면 우리는 언제까지 의인이고, 언제까지 하나님의 자녀일까요? 혹시 우리가 죄를 지으면 하나님이 우리의 신분을 다시 죄인으로 바꾸지 않으실까요? 혹시 우리가 부족한 모습을 보이면 하나님이 우리를 버리지 않으실까요?

실제로 사람들 사이에는 그런 일이 자주 일어납니다. 예를 들어 2005년에는 한 해 동안 무려 1만 명이나 되는 아이들이 부모로부터 버림을 받았다고 합니다. 지금도 수많은 아이들이 부모로부터 버려지고 있습니다. 하지만 하나님은 절대로 우리를 버리지 않으십니다. 하나님은 사람처럼 쉽게 변하는 분이 아니십니다. 그래서 하나님과 우리의 관계도 절대로 변하지 않습니다. 하나님이 우리의 신분을 의인으로 바꾸신 이상. 우리의 신분은 영원히 의인입니다. 하나님이 우리를 입양하신 이상 우리는 영원히 하나님의 아들이고 하나님의 딸입니다.

내가 그들에게 영생을 주노니 영원히 멸망하지 아니할 것이요

또 그들을 내 손에서 빼앗을 자가 없느니라(요10:28)

그래서 우리는 어떤 일이 있어도 하나님을 떠날 수 없습니다. 하나님이 우리를 떠나시지 않기 때문에, 우리도 하나님을 떠날 수 없습니다. 이것을 견인이라고 합니다. 견인이란 끝까지 견딘다는 뜻입니다.

답: 이 세상에서 칭의와 양자됨과 성화에 수반되거나 거기서 나오는 은덕들은 하나님의 사랑에 대한 확신과 양심의 평안과 성령 안에서의 기쁨과, 은혜의 증가와 그 은혜 안에 끝까지 견디는 것입니다.

*양심: 옳고 그름을 판단하는 마음

묵상

우리가 의인의 신분과 양자의 신분을 잃어버릴 수 있습니까?

기도

하나님. 변함 없는 사랑으로 저희를 사랑해 주셔서 감사합니다. 영원한 사랑으로 저희를 지켜 주셔서 감사합니다. 저희도 변함 없이 하나님을 사랑하고, 신실하게 하나님께 순종하게 해 주세요.

제37문: 신자는 죽을 때 그리스도로부터 어떤 혜택을 받습니까?

성경본문: 누가복음 23:43

찬송: 찬송가 606장(해보다 더 밝은 저 천국)

선생님이 숙제를 내주시면 어떤 느낌이 드나요? 아마 기분이 좋을 때보다는 싫을 때가 더 많을 것입니다. 그래서 대부분의 학생들은 숙제가 없는 세상에서 살고 싶어 합니다. 어서 빨리 어른이 되어서 숙제를 하지 않기를 바랍니다.

하지만 숙제가 없는 세상은 없습니다. 어른이 된다고 숙제가 사라지는 것은 아닙니다. 중학생에겐 고등학생이 되는 숙제가 있습니다. 고등학생에겐 대학생이 되는 숙제가 있습니다. 대학생에겐 취업이라는 숙제가 있습니다. 취업한 후에는 가정을 일구는 숙제가 있습니다.

우리의 삶은 끝없는 숙제의 연속입니다. 그런데 모든 사람이 공통으로 해결해야 할 숙제가 하나 있습니다. 동시에 가장 어려운 숙제입니다. 그건 바로 죽음이라는 숙제입니다.

먼저 죽음이라는 숙제를 해결하지 않은 사람에게 어떤 일이 일어나는지 설명해 보겠습니다. 사람이 죽을 때 몸과 영혼의 분리가 일어납니다. 그리고 몸은 땅에서 흙으로 변합니다. 그렇다면 영혼은 어디로 갈까요? 죽음이라는 숙제를 해결하지 않은 사람의 영혼은, 하나님의 심판이 있는 곳으로 갑니다. 마치 숙제를 제대로 하지 않은 학생이 선생님께 벌을 받는 것처럼, 하나님께 벌을 받으러 갑니다.

죽음의 숙제를 해결한 사람은 정반대의 일을 겪습니다. 몸과 영혼이 분리되고, 몸이 땅에 묻히는 것은 똑같습니다. 하지만 예수님을 믿는 사람의 육신은 죽은 이후에도 예수님의 소유입니다. 죽은 몸이라고 해서 버려진 몸이 아닙니다. 그리고 예수님을 믿는 사람의 영혼은 죽은 이후에 하나님의 사랑이 있는 곳으로 갑니다. 하나님은 그들의 영혼을 완전히 깨끗하게 하시고, 하나님 곁에서 무한한 행복을 누리게 하십니다.

예수께서 이르시되 내가 진실로 네게 이르노니 오늘 네가 나와 함께 낙원에 있으리라 하시니라(눅23:43)

그래서 세상에서 가장 복 있는 사람은 죽음이라는 숙제를 해결한 사람입니다. 그런 점에서 우리 가정은 세상에서 가장 복 있는 가정입니다. 우리는 죽음이라는 숙제를 해결했으므로, 장차 하나님 곁에서 영원한 행복을 누릴 것이기 때문입니다.

답: 신자의 영혼은 그들이 죽을 때 완전히 거룩하게 되어 즉시 하나님 곁으로 가고, 육신은 여전히 그리스도께 연합하여 부활 때까지 무덤에서 쉽니다.

묵상

신자의 영혼과 불신자의 영혼은 죽은 이후에 각각 어떤 곳으로 갑니까?

기도

하나님. 저희가 살아서도 복을 받고, 죽어서도 복을 받게 하셔서 감사합니다. 죽은 이후에도 하나님의 사랑 안에서 거하게 하시니 감사합니다. 죽음을 두려워하지 않게 하시고, 부활을 소망하며 살아가게 해주세요.

제38문: 신자는 부활 때 그리스도로부터 어떤 혜택을 받습니까?

성경본문: 고린도전서 15:42-43

찬송: 찬송가 160장(무덤에 머물러)

사람들은 꽃을 좋아합니다. 그래서 꽃으로 집을 장식합니다. 마당에 꽃을 심고, 거실과 베란다를 꽃으로 가득 채웁니다. 꽃으로 사랑을 고백하고, 꽃으로 감사의 마음을 전합니다.

그건 꽃이 아름답기 때문입니다. 만약 꽃이 아름답지 않다면 마당에 꽃을 심는 사람은 없을것입니다. 꽃으로 거실과 베란다를 꾸미지도 않을 것입니다. 꽃으로 사랑을 고백하고, 꽃으로 감사의 마음을 전하지도 않을 것입니다.

하지만 꽃으로 자라나는 씨앗은 볼품없이 생겼습니다. 예를 들어 코스모스 씨앗은 지우개 똥처럼 생겼고, 장미 씨앗은 작은 돌처럼 생겼고, 국화 씨앗은 말린 오징어처럼 생겼습니다. 그런데 이 씨앗들이 땅에서 썩으면 작은 초록색 싹이 되고, 그 싹이 자라나면 우리를 행복하게 하는 아름다운 꽃으로 변합니다.

부활도 이와 같습니다. 볼품없는 씨앗이 아름다운 꽃으로 변화되듯이, 우리의 볼품없는 몸이 아름다운 몸으로 변화됩니다. 바로 그것이 부활입니다. 지금 우리의 몸은 여러 가지 면에서 볼품이 없습니다. 지금 우리의 몸은 자주 아프고, 병이 듭니다. 나이를 먹을수록 점점 약해지고, 언젠가는 죽음을 맞이합니다.

하지만 부활의 몸은 아름다운 몸입니다. 예수님을 믿은 사람들은 하나님이 보시기에 아름다운 몸으로 부활합니다. 그리고 부활의 몸은 신비한 몸입니다. 부활의 몸은 아프지 않고, 병들지 않고, 약해지지 않고, 죽지도 않습니다.

죽은 자의 부활도 그와 같으니 썩을 것으로 심고 썩지 아니할 것으로 다시 살아나며 욕된 것으로 심고 영광스러운 것으로 다시 살아나며 약한 것으로 심고 강한 것으로 다시 살아나며(고전15:42-43)

죽지 않고 영원히 산다면, 너무 지루하지 않을까요? 그런 걱정은 하지 않아도 됩니다. 예를 들어 숙제를 한 시간 동안 하면 그 한 시간은 10시간처럼 느껴집니다. 하지만 오락을 한 시간 동안 하면 그 한 시간은 10분처럼 느껴집니다. 행복한 순간에는 시간의 흐름을 느끼지 못합니다. 우리가 부활의 몸을 가지고 영원히 살게 될 천국에는 슬픈 일이 없습니다. 행복한 일만 가득합니다. 그래서 천국에서는 시간의 흐름을 느낄 수 없습니다. 지루하다거나, 슬프다거나, 불행하다는 느낌을 전혀 가질 수 없습니다.

그래서 우리는 죽음을 무서워하거나, 싫어할 필요가 없습니다. 우리를 가장 건강하게 하는 것이 죽음이고, 우리를 가장 아름답게 하는 것이 죽음이며, 우리를 가장 거룩하게 하는 것이 죽음입니다.

답: 부활 때 신자는 영광스러운 몸으로 살아나고, 심판 날에 공개적으로 인정받고 무죄 선고를 받으며, 영원토록 하나님을 온전히 즐거워함으로 완전한 복을 누리게 됩니다.

*영광스러운 몸: 죽지 않고, 병들지 않고, 죄짓지 않는 몸

묵상

천국에서 지루함을 느낄 수 있습니까?

기도

하나님. 저희에게 부활의 소망을 주셔서 감사합니다. 저희에게 천국 소망을 주셔서 감사합니다. 저희가 부활을 기대하며 살게 하시고, 천국의 삶을 꿈꾸며 살게 해주세요.

제39문: 하나님께서 사람에게 요구하시는 의무는 무엇입니까?

성경본문: 사무엘상 15:22

찬송: 찬송가 331장(영광을 받으신 만유의 주여)

왜 부모님께 순종해야 할까요? 거기에는 여러 가지 이유가 있습니다.

첫째, 부모님은 우리를 길러주신 분이시기 때문입니다. 부모님은 우리가 태어난 이후로 항상 우리 곁에 계시면서 우리를 돌보아 주었습니다. 우리가 배고파하면 밥을 주셨고, 잠이 와서 칭얼거리면 안아서 재워주셨습니다. 혹시 우리가 아프기라도 하면 밤새 간호해 주셨습니다. 부모님이 우리를 길러주신 것을 생각하면, 우리는 마땅히 부모님께 순종해야 합니다.

둘째, 부모님은 우리보다 더 많은 것을 알고 계시기 때문입니다. 부모님은 우리보다 훨씬 많은 세월을 사셨습니다. 우리보다 훨씬 많은 것을 경험하셨습니다. 우리가 겪고 있는 어려움을 이미 오래전에 경험하셨습니다. 그래서 부모님은 우리가 어떻게 해야 힘든 시간을 극복할 수 있는지 잘 아십니다. 그래서 우리는 부모님께 순종해야 합니다.

셋째, 부모님은 우리를 가장 사랑하는 분이시기 때문입니다. 이 세상에서 부모님보다 우리를 더 사랑하는 사람은 없습니다. 만약 자녀가 죽을병에 걸렸는데, 부모가 대신 죽어서 자녀를 살릴 수 있다면, 부모들은 기꺼이 자녀를 위해 자신을 희생할 것입니다. 자녀를 위해 기꺼이 자기 생명을 줄 수 있는 사람은 부모님 외에 없습니다. 부모님이 이토록 우리를 사랑하신다면 우리는 당연히 부모님께 순종해야 합니다.

그런데 부모의 말이라고 해서 항상 순종해야 하는 것은 아닙니다. 부모도 사람이기 때문에 실수할 수 있습니다. 세상 모든 사람은 타락한 본성을 가지고 있고, 그건 부모도 마찬가지입니다. 그래서 부모의 말도 절대적인 기준은 될 수 없습니다. 그렇다면 절대적인 기준은 무엇일까요? 하나님의 뜻입니다. 그 이유는 다음과 같습니다.

첫째, 하나님이 우리를 창조하셨기 때문입니다. 하나님은 세상 모든 것을 창조하셨습니다. 하나님은 우리를 창조하셨습니다. 따라서 궁극적으로 우리를 낳고 길러주신 분은 하나님이십니다. 그래서 우리는 하나님께 순종해야 합니다. 둘째, 하나님이 가장 지혜로우시기 때문입니다. 부모님이 많은 것을 알고 있지만, 하나님께 비하면 아무것도 아닙니다. 그래서 우리는 하나님께 순종해야 합니다. 셋째, 하나님이 그 누구보다 우리를 사랑하시기 때문입니다. 부모가 자녀를 사랑하지만 하나님의 사랑에 비할 수 없습니다. 하나님은 사랑 그 자체입니다. 사람의 마음은 불완전해서 자주 변합니다. 때로는 부모와 자녀가 서로 미워하기도 합니다. 하지만 하나님의 사랑은 완전합니다. 우리를 향한 하나님의 사랑은 절대 변하지 않습니다. 그래서 우리는 하나님께 순종해야 합니다.

순종이 제사보다 낫고 듣는 것이 숫양의 기름보다 나으니(삼상15:22)

답: 하나님께서 사람에게 요구하시는 의무는 하나님이 나타내 보이신 하나님의 뜻에 순종하는 것입니다.

묵상
가장 중요한 순종의 기준은 누구의 말씀입니까? 그 이유는 무엇입니까?

기도
하나님. 하나님은 저희를 창조하셨습니다. 하나님은 누구보다 지혜로우십니다. 하나님은 누구보다 저희를 사랑하십니다. 그러므로 저희가 항상 하나님께 순종하며 살 수 있도록 도와주세요.

제40문: 하나님께서 사람에게 처음으로 나타내 보이신 순종의 법칙은 무엇입니까?

성경본문: 요한일서 5:3

찬송: 찬송가 521장(구원으로 인도하는)

로마에서는 로마법을 따라야 한다는 말이 있습니다. 나라마다 법이 다르기에, 그 나라에서는 그 나라의 법을 따라야 한다는 뜻입니다. 예를 들어 우리나라의 법은 자동차가 우측으로 달려야 한다고 정하고 있습니다. 그래서 우리나라에서는 중앙선 오른쪽으로 전진해야 합니다. 하지만 일본의 법은 다릅니다. 일본의 법은 자동차가 달리는 방향을 우리나라와 정반대로 정하고 있습니다. 그래서 일본에서는 중앙선 왼쪽으로 전진해야 합니다.

세상 나라에만 법이 있는 것이 아닙니다. 하나님이 정하신 법도 있습니다. 하나님이 정해주신 법을 율법이라고 합니다. 우리는 국가가 정한 법을 지키는 동시에, 율법도 엄격하게 지켜야 합니다.

그런데 모든 율법을 문자 그대로 지켜야 하는 것은 아닙니다. 예를 들어 율법 중에는 제사에 관한 법이 있습니다. 이것을 의식법이라고 합니다. 구약의 신자들은 의식법을 따라서 제사를 드렸습니다. 하지만 신약의 신자들은 의식법을 따라서 제사를 드리지 않습니다. 예수님이 십자가 위에서 자기 몸으로 영원하고 완전한 제사를 드리셨기 때문입니다. 예수님이 십자가 위에서 우리의 죄를 다 해결하셨기 때문에, 이제는 죄를 해결하기 위해 제사를 드려서는 안 됩니다. 의식법을 문자 그대로 지켜서는 안 됩니다.

율법 중에는 사회규칙에 관한 법도 있습니다. 이것을 시민법이라고 합니다. 시민법에 따르면 안식일에 일한 사람은 반드시 죽여야 합니다. 하나님을 저주한 사람도 반드시 죽여야 합니다. 우리가 시민법을 문자 그대로 지킨다면, 우리는 곧바로 감옥에 가게 될 것입니다.

구약의 신자들은 국가와 교회가 일치하는 나라에서 살았습니다. 구약의 이스라엘은 국가인

동시에 교회였습니다. 국가의 법과 교회의 법이 일치했습니다. 하지만 우리는 국가와 교회가 일치하는 나라에서 살고 있지 않습니다. 우리는 국가의 법과 교회의 법이 일치하는 나라에서 살고 있지 않습니다. 따라서 이제는 시민법을 문자 그대로 지켜서는 안 됩니다.

하지만 도덕법은 다릅니다. 도덕법은 하나님과 사람을 사랑하는 방법에 관한 것입니다. 하나님과 사람을 사랑하는 것은, 지금도 여전히 중요한 일입니다. 도덕법은 여전히 최선을 다해서 지켜야 합니다.

하나님을 사랑하는 것은 이것이니 우리가 그의 계명들을 지키는 것이라(요일5:3)

답: 하나님께서 사람에게 처음으로 나타내 보이신 순종의 법칙은 도덕법이었습니다.

묵상

의식법은 무엇입니까? 지금도 의식법을 지켜야 합니까?

기도

하나님. 저희가 하나님께 순종할 수 있도록 도와주세요. 저희가 도덕법에 순종할 수 있도록 도와주세요. 저희가 하나님을 사랑하고 이웃을 사랑하는 삶을 살 수 있도록 도와주세요.

제41문: 도덕법은 어디에 요약되어 있습니까?

성경본문: 신명기 4:13

찬송: 찬송가 380장(나의 생명 되신 주)

학교에서는 주로 무엇을 할까요? 학교에서는 주로 공부를 합니다. 그렇다면 공부란 무엇일까요? 공부란 무언가를 잘할 수 있도록, 차근차근 배워가는 것을 말합니다. 예를 들어 수학을 공부한다는 것은, 덧셈, 뺄셈, 곱셈, 나눗셈을 잘할 수 있도록 차근차근 배워가는 것입니다. 국어를 공부한다는 것은 말하는 것과 쓰는 것을 잘할 수 있도록 차근차근 배워가는 것입니다. 미술을 공부한다는 것은 그리는 것과 만드는 것을 잘할 수 있도록 차근차근 배워가는 것입니다.

그런데 공부를 잘하기 위해서는 한 가지 기술이 필요합니다. 그건 바로 요약하는 기술입니다. 요약이란 가장 중요한 것을 뽑아내는 것입니다. 예를 들어 고기와 야채를 함께 볶은 반찬이 있다고 가정해 봅시다. 고기를 좋아하는 아이들은 어떻게 할까요? 반찬에서 고기만 뽑아낼 것입니다. 그것처럼 많은 내용 가운데 가장 중요한 것을 뽑아내는 것을 요약이라고 합니다. 그래서 서점에 가면 '요약집'이라는 제목이 붙은 책이 많습니다. 많은 내용 가운데 가장 중요한 것을 뽑아 놓았다는 뜻입니다.

왜 사람들은 요약된 내용을 보면서 공부할까요? 거기에는 크게 두 가지 이유가 있습니다. 첫째, 요약하면 기억하기 쉽습니다. 예를 들어 백 가지와 열 가지 중에서 뭐가 더 기억하기 쉬울까요? 열 가지입니다. 그래서 사람들은 백 가지를 열 가지로 요약해서 공부합니다. 둘째, 요약하면 무엇이 중요한지를 쉽게 파악할 수 있습니다. 예를 들어 누군가가 백 가지를 열 가지로 요약해 놓았다면, 우리는 그 열 가지가 가장 중요한 내용이라는 것을 알 수 있습니다.

우리는 지난 시간에 율법을 지키며 살아야 한다는 것을 확인했습니다. 그런데 율법은 종류가 너무나 많습니다. 무려 613개나 된다고 합니다. 특별한 사람을 제외하고는, 613개나 되는 율법을 모두 기억하기란 불가능합니다. 그래서 하나님은 613개의 율법 가운데, 우리가 꼭 지켜야 하는 도덕법을 열 가지로 압축해서 주셨습니다. 그것을 십계명이라고 합니다. 열 개밖에 되지 않기 때문에, 기억하기가 쉽습니다. 또 이 열 가지가 가장 중요한 도덕법임을 알 수 있습니다.

여호와께서 그의 언약을 너희에게 반포하시고 너희에게 지키라 명령하셨으니
곧 십계명이며 두 돌판에 친히 쓰신 것이라(신4:13)

답: 도덕법은 십계명에 요약적으로 들어있습니다.

묵상

하나님께서 모든 율법을 열 가지로 압축해서 주신 이유는 무엇입니까?

기도

하나님. 저희가 모든 율법을 기억할 수는 없습니다. 하지만 십계명은 기억할 수 있습니다. 그러므로 저희가 십계명을 마음에 담고, 십계명을 늘 생각하고, 십계명에 순종할 수 있도록 도와주세요.

제42문: 십계명의 요약은 무엇입니까?

성경본문: 로마서 13:10

찬송: 찬송가 218장(네 맘과 정성을 다하여서)

요한복음 8장에는 죄를 지은 여인이 등장합니다. 그 여인은 자기 남편이 아닌 다른 남자와 몰래 만나다가 발각되었습니다. 이런 죄를 음행이라고 합니다. 이스라엘의 율법 교사인 서기관들은 이 여인을 예수님께로 끌고 왔습니다. 서기관들은 이렇게 말했습니다. "율법에 따르면 이 여자는 죽어야 마땅합니다. 율법에는 이런 사람을 돌로 쳐 죽이라고 기록되어 있습니다."

서기관들의 말을 들은 예수님은 이렇게 대답하셨습니다. "너희 중에 죄가 하나도 없는 사람이 먼저 저 여자에게 돌을 던지라." 예수님의 말씀을 들은 사람 가운데 단 한 사람도 여인에게 돌을 던질 수 없었습니다. 그 자리에는 죄를 전혀 짓지 않은 사람이 아무도 없었기 때문입니다. 세상 어디에도 그런 사람은 없습니다.

결국 모든 사람이 돌을 내려놓고 떠났습니다. 예수님과 여인, 단 두 사람만 남게 되었습니다. 예수님은 끌려온 여인에게 말씀하셨습니다. "가서 다시는 죄를 범하지 말라." 용서받은 여인은 감사하며 그 자리를 떠났습니다.

서기관들과 예수님의 차이는 무엇일까요? 그건 바로 '사랑'입니다. 사실 서기관들의 말도 틀린 것은 아닙니다. 율법에는 음행의 죄를 지은 사람을 돌로 쳐 죽이라고 기록되어 있습니다. 하지만 서기관들에게는 사랑이 없었습니다. 그래서 서기관들은 율법을 올바르게 지킨 것이 아닙니다. 사랑이 없으면 아무리 율법을 잘 지켜도 올바르게 지킨 것이 아닙니다.

사랑은 이웃에게 악을 행하지 아니하나니 그러므로 사랑은 율법의 완성이니라(롬13:10)

예수님은 율법의 목적을 잘 알고 계셨습니다. 율법의 목적은 사랑입니다. 율법은 사랑을 이루는 방법입니다. 율법은 하나님을 사랑하는 방법이고, 사람을 사랑하는 방법입니다.

그래서 율법은 사랑을 이루는 목적으로만 사용해야 합니다. 어떤 사람이 율법을 지켰을지라도, 그 사람의 마음속에 사랑이 없다면, 그 사람은 율법을 제대로 지킨 것이 아닙니다.

우리는 지난 시간에 모든 율법을 10가지로 요약한 것이 십계명임을 배웠습니다. 그렇다면 십계명을 두 가지로 요약한 건 무엇일까요? 사랑입니다. 하나님 사랑, 이웃 사랑입니다.

답: 십계명의 요약은 "네 마음을 다하고 목숨을 다하고 힘을 다하고 뜻을 다하여 주 너의 하나님을 사랑하고, 네 이웃을 네 자신과 같이 사랑하라."입니다.

묵상

율법의 목적은 무엇입니까? 율법은 무엇을 이루는 방법입니까?

기도

하나님. 저희가 하나님을 사랑하되 율법대로 사랑하도록 도와주세요. 저희가 이웃을 사랑하되 율법대로 사랑하도록 도와주세요. 세상의 기준이 아니라 하나님의 기준으로 서로 사랑하도록 도와주세요.

제43문. 십계명의 머리말이 무엇입니까?

성경본문: 출애굽기 20:2

찬송: 찬송가 539장(너 예수께 조용히 나가)

만약 우리가 사는 동네에 불이 나거나, 우리가 사고를 당한다면 누가 우리를 도와주러 올까요? 소방관입니다. 소방관은 불이 나거나, 사고가 발생했을 때, 우리를 도와주는 일을 합니다. 만약 우리가 사는 동네에 나쁜 범죄자가 나타난다면, 누가 우리를 지켜줄까요? 경찰관입니다. 경찰관은 우리를 범죄로부터 지켜주는 일을 합니다. 만약 다른 나라에서 우리나라를 침략한다면, 누가 우리를 보호해 줄까요? 군인입니다. 군인은 우리를 전쟁으로부터 보호하는 일을 합니다.

그렇다면 소방관이 불을 끄는 데 사용하는 돈은 어디서 나올까요? 경찰관이 우리를 지켜주는 데 들어가는 돈은 어디서 나올까요? 군인이 나라를 지키는 데 필요한 돈은 어디서 나올까요? 그 돈은 세금에서 나옵니다. 세금이란 국가가 나라를 운영하는데 필요한 돈을 국민으로부터 거두는 것을 말합니다. 그리고 세금을 거두는 곳을 국세청이라고 합니다. 국세청이 2018년 한 해 동안 국민으로부터 거둔 세금은 무려 378조원입니다.

우리도 다른 사람에게 세금을 거둘 수 있을까요? 아닙니다. 우리에게는 세금을 거둘 수 있는 권한이 없습니다. 세금을 거둘 수 있는 권한은 국세청에만 있습니다. 만약 우리가 다른 사람에게 세금을 거두려고 한다면, 우리는 미친 사람 취급을 받거나, 사기죄로 감옥에 가게 될 것입니다.

국세청에 세금을 거둘 수 있는 권한이 있는 것처럼, 하나님께는 우리가 어떻게 살아야 하는지를 명령할 수 있는 권한이 있습니다. 이 사실을 잘 보여주는 것이 십계명의 머리말입니다. 하나님은 십계명을 말씀하시기 전에, 십계명의 머리말을 먼저 말씀하셨습니다. 그 이유

는 십계명의 머리말이 십계명을 지켜야 할 이유를 보여주기 때문입니다. 십계명의 머리말은 다음과 같습니다.

나는 너를 애굽 땅, 종 되었던 집에서 인도하여 낸 네 하나님 여호와니라(출20:2)

이 말씀은 이런 뜻입니다. "나는 너희들을 애굽에서 구출해 주었다. 그러므로 이제부터 너희들의 주인은 애굽의 왕이 아니라 바로 나다. 그러므로 이제부터 너희들은 나의 명령을 따라서 살아야 한다."

우리는 애굽에서 구출 받은 적이 없습니다. 그러면 우리는 십계명을 지키지 않아도 될까요? 그렇지 않습니다. 우리는 애굽에서 구출 받지 않았지만, 하나님의 심판과 지옥에서 구출받았습니다. 따라서 우리 역시 하나님의 명령에 순종해야 합니다.

답: 십계명의 머리말은 "나는 너를 애굽 땅 종 되었던 집에서 인도하여 낸 네 하나님 여호와니라."하신 말씀입니다.

묵상

하나님은 왜 우리에게 순종을 명령하실 수 있습니까?

기도

하나님. 저희를 영원한 심판에서 구원해 주셔서 감사합니다. 저희를 죄에서 구원해 주셔서 감사합니다. 이제부터 하나님께 순종하며 살아가게 해주세요. 십계명에 순종하며 살아가게 해주세요.

제44문: 십계명의 머리말이 우리에게 가르쳐 주는 것은 무엇입니까?

성경본문: 베드로전서 1:15

찬송: 찬송가 540장(주의 음성을 내가 들으니)

사납고 악한 임금을 '폭군'이라고 합니다. 연산군은 역사적으로 유명한 폭군입니다. 연산군은 세종대왕의 손자입니다. 연산군은 나쁜 일을 많이 해서 중간에 쫓겨났습니다. 그래서 '연산왕'이라고 부르지 않고, '연산군'이라고 부릅니다.

연산군은 다음과 같은 잘못을 저질렀습니다. 첫째, 무오사화입니다. 연산군의 잘못된 정책을 비판하는 신하들이 있었습니다. 연산군은 그들이 너무 미웠습니다. 연산군은 그들이 자신의 할아버지인 세종대왕을 비판했다는 사실을 알게 되었습니다. 화가 난 연산군은 그들을 잔인하게 죽였습니다.

둘째, 갑자사화입니다. 연산군의 어머니는 질투가 심했습니다. 연산군의 어머니는 남편이자 왕이었던 성종과 사이가 좋지 않았습니다. 그래서 궁궐에서 쫓겨났습니다. 연산군은 왕이 된 후에 어머니의 복수를 하기 위해, 이 일과 관련된 사람들을 많이 죽였습니다.

셋째, 금표설치입니다. 금표란 일반인은 들어올 수 없는 지역을 말합니다. 연산군은 사냥을 하기 위해 금표를 설치했습니다. 금표를 너무 많이 설치해서 백성들의 일상생활에 지장을 줄 정도였습니다.

넷째, 사관원 폐지입니다. 사관원은 왕에게 조언하는 기관입니다. 왕이 잘못된 정책을 할 때 바로잡아 주는 일을 했습니다. 연산군은 신하들의 조언을 싫어했습니다. 그래서 사관원을 없애버렸습니다.

연산군의 폭정이 이어지자, 신하들이 반란을 일으켰습니다. 신하들은 연산군을 왕의 자리에서 끌어내렸습니다. 그리고 강화도로 쫓아냈습니다. 강화도로 쫓겨난 연산군은 두 달 후에 죽었습니다.

연산군의 정책에는 좋은 것이 없었습니다. 연산군은 백성들을 사랑하지 않았습니다. 연산군의 정책은 지키면 지킬수록 해가 되었습니다. 하나님은 연산군과 같은 왕이 아닙니다. 하나님의 율법은 악한 것이 전혀 없습니다. 하나님은 자기 백성들을 사랑하십니다. 하나님의 율법은 지키면 지킬수록 우리에게 도움이 됩니다. 그래서 우리는 마땅히 하나님의 율법을 지켜야 합니다. 억지로 지키는 것이 아니라, 감사하는 마음으로 지켜야 합니다. 더구나 하나님은 우리의 구원자이십니다. 하나님은 우리를 구원하기 위해 자기 아들을 십자가에서 죽이셨습니다. 우리는 마땅히 하나님의 계명을 지켜야 합니다.

오직 너희를 부르신 거룩한 이처럼 너희도 모든 행실에 거룩한 자가 되라(벧전1:15)

답: 십계명의 머리말이 우리에게 가르쳐 주는 것은 하나님께서는 주가 되시고 우리 하나님이 되시고 구속자가 되시므로, 우리가 마땅히 그분의 모든 계명을 지켜야 한다는 것입니다.

*주: 만물의 주인

묵상

왜 하나님의 율법은 감사하는 마음으로 지켜야 합니까?

기도

하나님. 하나님의 율법에는 악한 것이 전혀 없습니다. 하나님의 율법은 우리에게 유익합니다. 하나님의 율법은 모든 사람에게 유익합니다. 항상 하나님의 말씀대로 살아가게 해주세요.

제45-46문: 제1계명은 무엇입니까? 제1계명에서 요구하는 것은 무엇입니까?

성경본문: 출애굽기 20:3

찬송: 찬송가 15장(하나님의 크신 사랑)

프랑스 파리에는 루브르 박물관이 있습니다. 루브르 박물관에는 세상에서 가장 유명한 그림이 있습니다. '모나리자'입니다. 모나리자는 '레오나르도'라는 천재 화가가 그린 그림입니다. 루브르 박물관을 찾는 사람은 한 해에 천만 명 정도라고 합니다. 그들 중 대부분이 모나리자를 가장 보고 싶어 합니다. 그래서 모나리자 앞에는 항상 구름처럼 많은 관람객이 있고, 어떨 때는 그 앞에 수십 미터의 줄이 생기기도 합니다.

만약 모나리자와 똑같은 그림이 백 개나 천 개쯤 있다면, 그때도 사람들이 지금처럼 모나리자에 열광할까요? 지금처럼 천만 명이나 되는 사람들이 루브르 박물관을 찾고, 모나리자를 보기 위해 수십 미터나 되는 줄을 설까요? 그렇지 않을 것입니다. 사람들이 모나리자를 보고 싶어 하고, 때로는 수십 미터씩 줄을 서는 것은, 모나리자가 세상에 하나밖에 없기 때문입니다. 모나리자가 루브르 박물관에만 있어서 루브르 박물관을 찾는 것이고, 모나리자가 하나밖에 없어서 오랫동안 줄을 서서라도 보려고 하는 것입니다.

하나님도 마찬가지입니다. 모나리자가 단 하나밖에 없는 것처럼, 하나님과 같은 분은 하나님이 유일합니다. 세상을 창조하신 분은 하나님이 유일합니다. 태양을 만들고, 달을 만들고, 별을 만들고, 지구를 만들고, 우리를 만드신 분은 하나님이 유일합니다. 우리를 구원하시고, 우리를 돌보시고, 우리를 사랑해 주시는 분도 하나님이 유일합니다. 그리고 하나님만 유일하게 스스로 존재하십니다. 다른 생물들은 유일하신 하나님 때문에 존재하는 것입니다. 그래서 하나님은 다음과 같이 말씀하셨습니다. 제1계명입니다.

너는 나 외에는 다른 신들을 네게 두지 말라(출20:3)

그렇다면 우리는 어떻게 살아야 할까요? 우리는 하나님을 특별하게 대해야 합니다. 우리는 사람을 사랑해야 하지만, 하나님은 더욱 사랑해야 합니다. 우리는 부모님께 순종해야 하지만, 하나님께는 더욱 순종해야 합니다. 우리는 선생님을 존경해야 하지만, 하나님은 더욱 존경해야 합니다. 우리는 국어, 영어, 수학을 열심히 공부해야 하지만, 하나님의 말씀인 성경은 더 열심히 공부해야 합니다. 우리가 누군가를 좋아할 수 있지만, 하나님을 더 좋아해야 합니다. 우리가 축구, 농구, 야구를 좋아할 수 있지만, 하나님을 예배하는 것을 더 좋아해야 합니다. 바로 이것이 제1계명이 우리에게 요구하는 것입니다.

답: 제1계명은 "너는 나 외에는 다른 신들을 네게 두지 말라."입니다. 제1계명이 우리에게 요구하는 것은 하나님께서는 유일하신 참 하나님이심과 우리의 하나님이심을 알고 인정하는 것과, 그리고 합당하게 그를 경배하고 영화롭게 하는 것입니다.

묵상

유일하신 하나님을 어떻게 대해야 합니까?

기도

하나님. 세상에 하나님과 같은 분은 없습니다. 하나님처럼 전능하시고, 하나님처럼 우리를 사랑하시는 분은 없습니다. 그러므로 저희가 하나님을 가장 사랑하게 해주세요. 하나님을 가장 소중하게 여기게 해주세요. 오직 하나님의 영광을 위해 살아가게 해주세요.

제47문: 제1계명이 금하는 것은 무엇입니까?

성경본문: 이사야 45:21

찬송: 찬송가 83장(나의 맘에 근심 구름)

하나님은 유일하십니다. 하나님과 같은 분은 없습니다. 그런데 하나님만 유일하신 것은 아닙니다. 이 세상에 유일한 것은 많습니다. 예를 들어 모든 사람은 유일한 존재입니다. 우리와 똑같은 사람은 아무 데도 없습니다. 하지만 우리가 유일하다는 것과 하나님이 유일하다는 것은 그 의미가 전혀 다릅니다.

예를 들어 우리가 사용하는 노트는 이 세상에서 유일한 물건입니다. 우리의 글과 그림이 적힌 노트는 이 세상에 하나밖에 없습니다. 만약 우리가 이 노트를 다른 사람에게 팔려고 하면 사는 사람이 있을까요? 아마 없을 것입니다. 그런데 미국에서는 어떤 노트가 350억이라는 상상할 수 없이 높은 가격에 팔렸습니다. 그 이유는 그 노트가 레오나르도 다빈치의 노트였기 때문입니다. 레오나르도 다빈치는 인류 역사상 최고의 천재로 알려져 있습니다. 똑같은 노트라도 우리의 노트와 레오나르도 다빈치의 노트는 비교할 수 없습니다.

1985년 남아프리카 공화국의 한 광산에서 다이아몬드가 발견되었습니다. 역사상 가장 큰 다이아몬드였습니다. 이 다이아몬드에는 '골든 주빌리'라는 이름이 붙었습니다. 가격은 우리의 상상을 초월합니다. 정확한 가격은 알 수 없지만, 적어도 4000억 원에서 1조 원 정도가 된다고 합니다. 지금은 태국 왕실이 소유하고 있습니다. 몇천억이나 하는 골든 주빌리의 무게는 겨우 100그램밖에 되지 않습니다. 우리가 집에서 사용하는 비누의 무게가 100그램 정도입니다. 하지만 비누의 가치는 골든 주빌리와 비교할 수 없습니다.

하나님도 마찬가지입니다. 세상에 하나님과 비교할 수 있는 것은 없습니다. 하나님과 견줄 수 있는 것은 없습니다. 그래서 하나님은 다음과 같이 말씀하셨습니다.

나는 공의를 행하며 구원을 베푸는 하나님이라 나 외에 다른 이가 없느니라(사45:21)

따라서 우리는 아무것도 하나님처럼 생각하지 말아야 합니다. 어떤 것도 하나님보다 더 중요하게 생각하지 말아야 합니다. 어떤 사람도 하나님보다 더 좋아하지 말아야 합니다.

답: 제1계명이 금하는 것은 참 하나님을 부인하는 것, 곧 그분을 하나님으로 그리고 우리의 하나님으로 경배하지 않고 영화롭게 하지 않는 것입니다. 그리고 그분에게만 합당한 경배와 영광을 다른 것에게 드리는 것입니다.

*부인: 어떤 사실을 인정하지 않음

묵상

하나님과 비교하거나, 하나님과 견줄 수 있는 것이 있습니까?

기도

하나님. 저희가 하나님을 가장 중요하게 생각하게 해주세요. 하나님을 가장 사랑하게 해주세요. 하나님을 가장 높이며 살아가게 해주세요.

제48문: 제1계명에 있는 "나 외에는"이라는 말씀은 우리에게 특별히 무엇을 가르칩니까?

성경본문: 마태복음 6:24

찬송: 찬송가 85장(구주를 생각만 해도)

제1계명은 "나 외에는 다른 신들을 네게 두지 말라"입니다. 우상을 숭배하지 말고, 다른 신을 섬기지 말라는 뜻입니다. 하나님 외에 다른 신을 예배하지 말라는 뜻입니다.

많은 사람들이 이렇게 생각합니다. "나는 다른 계명은 자주 어기지만, 제1계명은 절대로 어기지 않아. 나는 다른 신을 믿지 않고 하나님을 믿으니까. 나는 절에 다니지 않고 교회에 다니니까. 그러니까 다른 건 몰라도 제1계명만큼은 확실하게 지키고 있어."

이것은 잘못된 생각입니다. 제1계명은 다른 누군가를 하나님보다 더 좋아하거나, 다른 무언가를 하나님보다 더 중요하게 여기는 것도 금하기 때문입니다. 그래서 부모님을 하나님보다 더 좋아하거나, 친구를 하나님보다 더 좋아하는 것도 제1계명을 어기는 것입니다. 돈을 하나님보다 더 중요하게 생각하거나, 시험 점수를 하나님보다 더 중요하게 생각하거나, 성공하는 것을 하나님보다 더 중요하게 여기는 것도 제1계명을 어기는 것입니다. 그래서 예수님은 다음과 같이 말씀하셨습니다.

한 사람이 두 주인을 섬기지 못할 것이니 혹 이를 미워하고 저를 사랑하거나 혹 이를 중히 여기고 저를 경히 여김이라 너희가 하나님과 재물을 겸하여 섬기지 못하느니라(마6:24)

제1계명을 잘 지키기 위해서는 단지 교회만 열심히 다녀서는 안 됩니다. 신앙생활은 우상과의 싸움입니다. 부모님과 친구가 우상이 될 수 있고, 돈과 성공이 우상이 될 수 있습니다. 하나님보다 더 좋아하거나, 하나님보다 더 중요하게 생각하는 것도 우상이기 때문입니다. 그래서 우리는 항상 노력해야 합니다. 하나님을 가장 사랑하기 위해 노력해야 합니다. 하나님을 가

장 중요하게 여기기 위해 노력해야 합니다. 만약 하나님과 우리 사이를 멀어지게 하는 것이 있다면, 버려야 합니다. 하나님과 우리 사이를 갈라놓는 것이 있다면, 끊어야 합니다.

답: 제1계명에 있는 "나 외에는"이라는 말씀이 우리에게 가르치는 것은 모든 것을 보시는 하나님께서 우리가 하나님 외에 다른 신을 섬기는 죄를 중히 보시고 매우 노여워하신다는 것입니다.

묵상

하나님보다 더 사랑하는 것은 없습니까?

기도

하나님. 저희가 돈을 하나님보다 사랑하지 않게 해주세요. 저희가 성공을 하나님보다 사랑하지 않게 해주세요. 저희가 사랑을 하나님보다 사랑하지 않게 해주세요. 하나님을 가장 사랑하게 해주세요.

제49문: 제2계명은 무엇입니까?

성경본문: 출애굽기 20:4-5

찬송: 찬송가 88장(내 진정 사모하는)

우주의 크기가 얼마나 되는지 알고 있나요? 우주는 너무나 넓은 데다가, 지금도 점점 커지고 있어서 우주의 크기를 정확하게 아는 사람은 아무도 없습니다. 현재까지 알려진 바에 따르면 우주의 크기는 대략 465억 광년이라고 합니다.

광년이란 빛이 일 년 동안 갈 수 있는 거리입니다. 빛은 세상에서 가장 빠른 물질로 알려져 있습니다. 빛은 1초에 30만 킬로미터를 이동할 수 있고, 한 시간 동안 10억 킬로미터를 갈 수 있습니다. 빛은 단 1초만에 지구를 7바퀴 반을 돌 수 있을 정도로 빠릅니다.

1광년을 킬로미터로 환산하면, 무려 9조 4600억 킬로미터입니다. 거기다가 465억을 곱한 것이 바로 우주의 크기입니다. 우주의 크기는 우리가 이해할 수 있는 범위를 훨씬 넘어섭니다. 우주의 크기는 우리의 상상을 초월합니다.

만약 누군가가 작은 도화지에 몇 개의 별을 그려 놓고, 이게 우주라고 한다면 어떨까요? 그건 참으로 우스운 일입니다. 상상도 할 수 없이 거대한 우주를, 작은 종이에 모두 다 담는 것은 불가능한 일입니다. 그런데 더 놀라운 것은 우리는 도무지 이해할 수 없고, 상상조차 할 수 없는 우주를, 하나님은 단지 말씀만으로 창조하셨다는 사실입니다. 하나님은 이 크고 거대한 우주를 단지 말씀만으로 창조하셨습니다. 그러므로 우리 하나님은 우주보다 더 크고 거대한 분이십니다.

그런 하나님을 어떤 모양으로 만들어도 될까요? 그토록 크신 하나님을 작은 종이 안에 그려 넣어도 될까요? 우주보다 거대하신 하나님을 한낱 돌로 조각해도 될까요? 그렇게 할 수 없고, 그렇게 해서도 안 됩니다. 그건 작은 종이 안에 우주를 담는 것보다 더 어리석은 일입니다. 크고 높으신 하나님을 모욕하는 일입니다. 그래서 하나님은 다음과 같이 말씀하셨습니다.

너를 위하여 새긴 우상을 만들지 말고 또 위로 하늘에 있는 것이나 아래로 땅에 있는 것이나 땅 아래 물 속에 있는 것의 어떤 형상도 만들지 말며 그것들에게 절하지 말며 그것들을 섬기지 말라(출20:4-5)

따라서 우리는 하나님을 어떤 모양으로 만들지 말아야 합니다. 하늘과 땅에 있는 것의 모양으로 만들지 말아야 합니다. 하나님을 어떤 모양으로 만들어서, 그것을 숭배하지 말아야 합니다.

답: 제2계명은 "너를 위하여 새긴 우상을 만들지 말고 또 위로 하늘에 있는 것이나 아래로 땅에 있는 것이나 땅 아래 물속에 있는 것의 어떤 형상도 만들지 말며 그것들에게 절하지 말며 그것들을 섬기지 말라. 나 네 하나님 여호와는 질투하는 하나님인즉 나를 미워하는 자의 죄를 갚되 아버지로부터 아들에게로 삼사 대까지 이르게 하거니와 나를 사랑하고 내 계명을 지키는 자에게는 천 대까지 은혜를 베푸느니라."입니다.

*형상: 사물의 모양

묵상

왜 하나님을 특정한 모양으로 만들어서는 안 됩니까?

기도

하나님. 하나님은 우주보다 크신 분이십니다. 하나님은 저희가 상상할 수 없이 크고 대단하신 분이십니다. 그 크신 하나님을 어떤 모양으로 만드는 죄를 짓지 않도록 도와주세요.

제50문: 제2계명에서 요구하는 것은 무엇입니까?

성경본문: 신명기 12:32

찬송: 찬송가 90장(주 예수 내가 알기 전)

제1계명은 "나 외에는 다른 신들을 네게 두지 말라"입니다. 제1계명은 참된 신이 누구인지를 알려줍니다. 불신자들은 여러 종류의 신이 있다고 주장하지만, 참된 신은 하나님 한 분밖에 없습니다.

제2계명은 "어떤 형상도 만들지 말라"입니다. 제2계명은 참된 신을 예배하는 방법을 알려줍니다. 우상을 숭배하는 자들의 특징은, 우상을 형상으로 만들어서 예배하는 것입니다. 예를 들어 절에 가면 수많은 형상이 있습니다. 힌두교 사원에도 수많은 형상이 있습니다. 우상 숭배자들은 자신들이 믿는 신을 형상으로 만들어서 예배합니다.

하나님은 그런 예배를 좋아하지 않으십니다. 하나님은 자신을 형상으로 만드는 것을 원하지 않으십니다. 그래서 하나님은, 하나님을 형상으로 만드는 것을 금하셨습니다. 하나님을 형상으로 만들어서 예배하는 것을 금하셨습니다. 바로 이것이 제2계명의 핵심입니다.

하나님이 좋아하시는 예배는 어떤 예배일까요? 하나님이 좋아하시는 예배는 하나님이 정해주신 대로 드리는 예배입니다. 하나님이 알려주신 대로 드리는 예배입니다. 그리고 하나님이 좋아하시는 예배의 방식은 성경에 기록되어 있습니다. 따라서 우리는 성경대로 하나님을 예배해야 합니다. 성경이 말하는 예배 방식에서 마음대로 무언가를 더하거나 빼서는 안 됩니다.

내가 너희에게 명령하는 이 모든 말을 너희는 지켜 행하고 그것에 가감하지 말지니라(신 12:32)

우리는 우상 숭배자들처럼 예배해서는 안 됩니다. 우상 숭배자들은 예배의 방식을 자기들이 결정합니다. 자기들이 원하는 대로 결정합니다. 그것은 그들이 믿는 신이 사실은 존재하

지 않기에 가능합니다. 우상은 실제로는 존재하지 않는 신이기에, 어떻게 예배하든 상관이 없습니다.

하나님은 다릅니다. 하나님은 살아계신 참된 신이십니다. 그래서 우리 마음대로 하나님을 예배할 수 없습니다. 반드시 하나님께서 말씀하신 대로 예배해야 합니다.

답: 제2계명에서 요구하는 것은 하나님께서 그분의 말씀에 정하신 대로 모든 종교적 경배와 규례를 받아서 준수하고, 순전하고 흠 없이 지키는 것입니다.

*규례: 일정한 규칙

묵상

하나님은 어떤 예배를 싫어하십니까?

기도

하나님. 저희가 하나님이 기뻐하시는 예배를 드리게 해주세요. 하나님이 원하시는 예배를 드리게 해주세요. 성경적인 예배를 드리게 해주세요.

제51문: 제2계명에서 금하는 것은 무엇입니까?

성경본문: 출애굽기 20:4-5

찬송: 찬송가 93장(예수는 나의 힘이요)

기독교는 로마 제국과 사이가 좋지 않았습니다. 황제 숭배 때문입니다. 로마 제국은 식민지 백성들로 하여금, 로마 황제를 신으로 숭배하기를 요구했습니다. 대부분의 사람들은 로마 제국의 요구를 따랐습니다. 별다른 저항 없이 로마 황제를 신으로 숭배했습니다. 하지만 기독교는 달랐습니다. 기독교 신자들은 로마 황제를 신으로 숭배하지 않았습니다.

기독교 신자들이 로마 제국의 요구에 불응한 이유는 제1계명 때문입니다. 하나님은 제1계명을 통해서 다른 신을 섬기는 것을 금하셨습니다. 다른 존재를 하나님과 대등하게 여기는 것을 금하셨습니다. 그래서 기독교 신자들은 로마 황제를 신으로 숭배하라는 요구에 공개적으로 저항했습니다. 그러나 대가는 컸습니다. 로마 제국은 기독교 신자들을 핍박했습니다. 기독교 신자들을 감옥에 가두었고, 생명을 빼앗기도 했습니다.

기독교는 오랫동안 불법이었습니다. 로마 제국 안에서는 예수님을 믿을 수 없었고, 전할 수도 없었습니다. 기독교가 합법화 된 것은 313년입니다. 기독교인이었던 콘스탄티누스 황제가 기독교를 공인했습니다. 교회를 향한 박해를 중단했고, 교회로부터 빼앗은 재산을 돌려주었습니다.

안타깝게도 이 때를 기점으로 기독교는 타락하기 시작했습니다. 그러다가 기독교가 로마 제국의 국교가 된 이후부터는 걷잡을 수 없이 부패하기 시작했습니다. 한 때는 기독교인이 되는 것은 목숨을 걸어야 할 만큼 위험한 일이었습니다. 하지만 기독교가 로마 제국의 국교가 됨으로써 신앙은 성공을 위한 조건이 되었습니다. 많은 사람들이 예수님을 믿는 믿음도 없이, 성공하기 위해서 기독교로 개종했습니다. 이 시기를 교회의 암흑기라고 합니다.

그런데 교회를 더 어둡게 만든 일이 있었습니다. 말씀의 자리를 그림과 조각이 대신한 것입니다. 타락한 교회는 교회당 벽면을 하나님에 관한 그림으로 가득채웠습니다. 교회당 마당에는 수많은 조각을 세웠습니다. 주로 아기 예수를 안고 있는 마리아 형상이었습니다. 이런 그림과 조각을 성물이라고 합니다. 심지어 사람들은 성물을 보거나 만지기만 해도 은혜를 받는다고 믿었습니다. 이것은 하나님을 형상으로 만들어 숭배하는 것을 금지한 제2계명을 어기는 일이었습니다.

어떤 형상도 만들지 말며 그것들에게 절하지 말며 그것들을 섬기지 말라(출20:4-5)

그래서 칼뱅이나 루터같은 종교개혁자들은 교회에서 성물을 금지했습니다. 성물을 보게 하거나, 만지게 하는 대신 하나님의 말씀인 성경을 가르쳤습니다. 이때부터 교회는 조금씩 회복되었습니다. 비로소 교회는 하나님이 기뻐하시는 예배를 드리게 되었습니다.

답: 제2계명에서 금하는 것은 어떤 형상을 만들어 하나님을 예배하거나, 하나님이 말씀으로 정해주지 않으신 다른 방법으로 경배하는 것입니다.

묵상

하나님께서 기쁘게 받으시는 예배를 드리기 위해 노력하고 있습니까?

기도

하나님. 저희가 바른 예배를 드리게 해주세요. 하나님이 기쁘게 받으시는 예배를 드리게 해주세요. 저희의 마음을 다해서, 진심을 다해서 하나님을 예배하게 해주세요.

제52문: 제2계명을 더 잘 지키게 하기 위해 더해진 내용은 무엇입니까?

성경본문: 출애굽기 20:6

찬송: 찬송가 10장(전능왕 오셔서)

차를 타고 가다 보면 속도를 줄이라는 표지판을 볼 수 있습니다. 일반적으로 고속도로에서는 시속 100킬로미터 이하로, 도심에서는 시속 50킬로미터 이하로, 주택가에서는 시속 30킬로미터 이하로 달려야 합니다.

그런데 어떤 사람이 고속도로에서 시속 200킬로미터로 달리고 싶다고 해서 자기 마음대로 표지판에 적혀 있는 숫자를 100에서 200으로 바꿔도 될까요? 도심에서 시속 100킬로미터로 달리고 싶다고 해서 자기 마음대로 표지판에 적혀 있는 숫자를 50에서 100으로 바꿔도 될까요? 절대로 그렇게 해서는 안 됩니다. 법을 만들고 수정하는 권한은 개인이 아니라 국회에 있기 때문입니다.

사람이 하나님을 예배하는 방법도 마찬가지입니다. 하나님을 예배하는 방법을 사람이 마음대로 정할 수 없습니다. 좋은 사례가 레위기 10장에 기록되어 있습니다. 여기에는 나답과 아비후라는 사람이 등장합니다. 두 사람은 제사장으로서 하나님께 제사를 드리고 있었습니다. 그런데 두 사람은 하나님이 정하신 방법이 아니라, 다른 방법으로 하나님께 제사를 드렸습니다. 두 사람은 어떻게 되었을까요? 하나님의 심판을 받았습니다. 결국 두 사람 모두 죽고 말았습니다.

하나님께 제사를 드리는 방법을 우리 마음대로 정할 수 없는 것처럼, 하나님께 예배를 드리는 방법도 우리 마음대로 정할 수 없습니다. 우리는 반드시 하나님의 말씀대로만 하나님을 예배해야 합니다. 성경은 하나님을 예배하는 방법으로, 기도하고 찬양하는 것, 말씀을 읽고 설교하는 것, 세례와 성찬을 시행하는 것 등을 말하고 있습니다. 그래서 우리는 이런 방법으

로 하나님을 예배해야 합니다. 우리 마음대로 예배의 방식을 정해서는 안 됩니다. 그래서 제2계명에는 이런 말씀이 첨가되어 있습니다.

나를 사랑하고 내 계명을 지키는 자에게는 천 대까지 은혜를 베푸느니라(출20:6)

이 말씀은 하나님의 말씀대로 예배하는 자들에게 하나님이 은혜를 주신다는 뜻입니다. 말씀대로 예배하는 자들을 하나님이 기뻐하신다는 뜻입니다. 따라서 우리는 올바른 예배를 드리기 위해 최선을 다해야 합니다.

답: 제2계명을 더 잘 지키게 하기 위해 더해진 내용은, 하나님께서 우리의 주권자가 되시며, 우리의 소유주가 되시며, 자기에게 드리는 예배에 대해 열심을 가지고 계시다는 것입니다.

*주권자: 절대적인 권력을 가진 자

묵상

나답과 아비후가 심판을 받은 이유는 무엇입니까?

기도

하나님. 저희가 올바른 예배를 드리게 해주세요. 그리하여 하나님께서 약속하신 복을 받게 해주세요. 저희와 저희의 후손들이 하나님께 복을 받게 해주세요.

제53-54문: 제3계명은 무엇입니까? 제3계명에서 요구하는 것은 무엇입니까?

성경본문: 출애굽기 3:7

찬송: 찬송가 19장(찬송하는 소리 있어)

누군가가 우리에게 아버지의 이름을 물어본다면 어떻게 대답해야 할까요? 그때는 아버지의 이름을 한 자 한 자 정성스럽게 말씀드려야 합니다. 예를 들어 아버지의 이름이 '홍길동'이라면 성은 빼고 이렇게 대답해야 합니다. "저의 아버지는 길자 동자이십니다."

식당에서도 이런 경우를 볼 수 있습니다. 우리가 어떤 식당에 예약을 했다고 가정해 봅시다. 우리가 식당에 도착하면 종업원은 우리가 예약한 사람이 맞는지 확인할 것입니다. 만약 '이순신'이라는 이름으로 예약했다면 종업원은 이렇게 물을 것입니다. "예약하신 분의 성함이 '순'자 '신'자 되십니까?"

아버지의 이름이나 손님의 이름을 한 글자 한 글자 정성스럽게 대답하는 이유는 무엇일까요? 이름이 누군가의 존재를 나타내기 때문입니다. 예를 들어 선생님이 수업 시간에 철수의 이름을 부른다면 다른 사람이 아니라 철수가 대답할 것입니다. 철수라는 이름은 철수라는 존재를 나타내기 때문입니다.

그렇다면 이 세상에서 가장 정성껏, 가장 조심스럽게 불러야 하는 이름은 누구의 이름일까요? 하나님의 이름입니다. 하나님이 가장 높으시고, 가장 중요하시기 때문입니다. 이 사실을 강조하는 것이 제3계명입니다. 제3계명은 하나님의 이름을 아무렇게나 부르지 말라는 것인데, 그 이유는 하나님의 이름이 하나님 자신을 나타내기 때문입니다.

너는 네 하나님 여호와의 이름을 망령되게 부르지 말라

여호와는 그의 이름을 망령되게 부르는 자를 죄 없다 하지 아니하리라(출20:7)

우리는 어떤 경우에 하나님의 이름을 부를까요? 우리가 하나님의 이름을 가장 많이 부르는

것은 예배를 드릴 때입니다. 찬송가 가사에 하나님의 이름이 있고, 성경 본문에 하나님의 이름이 있으며, 기도하는 내용에도 하나님의 이름이 있습니다. 그래서 우리는 장난스럽게 예배를 드리지 말아야 합니다. 가요를 부르듯이 찬송가를 부르지 말아야 합니다. 목사님이 설교하실 때 장난을 치지 말아야 합니다. 누군가가 기도할 때에 딴 생각을 하지 말아야 합니다. 그것들은 모두 제3계명을 어기는 일입니다.

답: 제3계명은 "너는 네 하나님 여호와의 이름을 망령되게 부르지 말라 여호와는 그의 이름을 망령되게 부르는 자를 죄 없다 하지 아니하리라."입니다. 제3계명이 요구하는 것은 하나님의 이름과 칭호와 속성과 규례와 말씀과 행사를 거룩하고 존경스럽게 사용하라는 것입니다.

*칭호: 어떤 뜻을 가진 이름 *속성: 사물의 특징 *행사: 어떤 일을 행함

묵상

왜 하나님의 이름을 조심스럽게 불러야 합니까?

기도

하나님. 저희가 하나님의 이름을 함부로 대하지 않게 해주세요. 특히 예배 시간에 하나님의 이름을 함부로 대하지 않게 해주세요. 하나님의 이름이 들어간 성경말씀, 찬송, 기도를 진지하게 대하게 해주세요.

일주일에 꼭 한 번 가정예배. 소요리문답 편(상)

제1판 1쇄 발행 2022년 11월 24일

지은이 김태희
펴낸이 조형준
펴낸곳 도서출판 플라터
주 소 서울 서대문구 독립문로 8길 54
편 집 제임스 조
디자인 WADI
총 판 기독교출판유통 (031-906-9191)
이메일 hjacts76@icloud.com
가 격 12,000원

출판등록 제2019-000087호
ISBN 979-11-979408-0-4